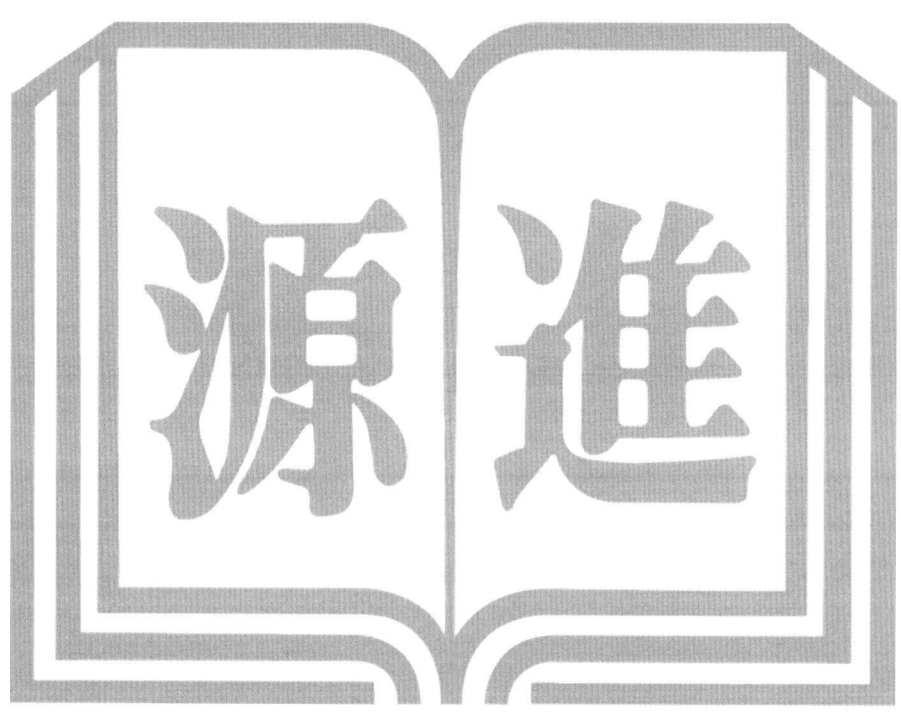

探索門命學
干支解密

王 慶 著

進源網路事業有限公司出版

作者簡介

王慶，筆名探索者，癸丑年生人，祖籍浙江舟山。其天賦陰陽，稟性好學，丙子年接觸命理，專執一門，浸淫至今。

二十五年前的他，視八字命理為一門謀取名利的技術，憑藉天賦之才與個人努力，入行幾年就成為了命理界的翹楚人物。後發現坊間命理的諸多缺陷，而又無力完善，于辛巳年底毅然退出了易學界，遊學於民間。

功夫不負有心人，其在退隱十年之後，終於領悟天地人三才之道在八字中的應用，掌握了天地陰陽在八字中的演化過程和作用規律，由此發現了千年八字之真機即干支理氣秘法，創立了探索門命理學。

他創立的探索門命理學，打開了八字命學的神奇之門，開創了命學研究的新紀元，對當代命學的發展，具有里程碑式的貢獻。

代表著作《子平命學理氣秘法》《探索門命學太極陰陽法》《探索門命理學講義》。

個人公眾號：王慶探索門命理學

微信號：tszmlx

《探索門命學干支解密》前言

　　八字命學為天地人之學,講的是天道、地道、人道的運行規律與作用法則。天道地道的運行規律決定了一個人的富貴貧賤、壽夭吉凶。人道的作用法則,決定了一個人的人生萬象。這就是天地人、天時地利人和在八字中的具體對應與體現。

　　八字表述的是人與外界的作用關係與力量對比,以此得出富貴貧賤、壽夭吉凶、人生萬象即所謂的命運。

　　富貴貧賤、壽夭吉凶人生大局由天地能量即天時地利所決定,人生萬象看人和由干支十神的作用關係及力量對比所決定。

　　天地為氣,人為形,氣生形,形載氣。每個人道之形干支十神都是天地陰陽五行的化身與載體。

　　每個干支都是由外在形體和內在陰陽五行、身心靈三部分組合。陰陽家就是通過干支外形而看到依附於其中的五行及陰陽,這就是以形觀氣的依據。

　　天地之氣能量巨大，為造命之神；人道之形干支十神代表人世間的具體人事物，本身能量很小，其只有在內在的能量被激活或者外形成勢時，那就能代表天地來造命。天地強大，但唯有通過干支十神才能行使生殺的權力。

　　八字就是干支學，唯有破解干支、窺視天地，才有深入論命的可能。

　　人法地，地法道，道法自然。

王慶　甲辰年於舟山

目　　錄

作者簡介……………………………………………… 002

《探索門命學干支解密》前言…………………………… 004

第一章　探索門命學四大部分………………………… 015

　一、八字講什麼………………………………………… 015

　二、探索門命學四大部分：道、法、術、器。……… 016

　　（一）道──天地萬事萬物的總規律………………… 016

　　（二）法──法則……………………………………… 025

　　（三）術──方法……………………………………… 028

　　（四）器──工具……………………………………… 029

　三、道法術器的辯證關係……………………………… 030

第二章　認識十干……………………………………… 032

　一、干支與命運………………………………………… 032

　二、十干是八字的核心元素…………………………… 033

三、天地演化萬物的過程 ………………………………… 034

四、十干的出處與作用 …………………………………… 036

　（一）十干的出處 ………………………………………… 036

　（二）十干的作用 ………………………………………… 038

第三章　認識八字各元素 …………………………… 040

一、太極 …………………………………………………… 041

　（一）太極的本質 ………………………………………… 041

　（二）太極的種類 ………………………………………… 042

二、陰陽 …………………………………………………… 043

　（一）陰陽的作用 ………………………………………… 043

　（二）陰陽學習的核心 …………………………………… 043

　（三）天道陰陽在地道人道的落實 ……………………… 044

三、四象 …………………………………………………… 046

　（一）四象的本質 ………………………………………… 046

　（二）四象的對應 ………………………………………… 047

四、五行 …………………………………………………… 047

五、干支 …………………………………………………… 049

（一）十干 ……………………………………… 049

（二）十二地支 ………………………………… 052

六、十神 …………………………………………… 053

七、宮位 …………………………………………… 054

（一）宮位的概念 ……………………………… 054

（二）宮位的作用：定位作用，定位時間、空間、六親、年齡等 ……………………………………… 055

八、干支的旺衰強弱及干支的作用關係 ………… 058

九、命局大運流年的關係 ………………………… 058

第四章　認識五行 …………………………… 060

一、五行與陰陽的關係 …………………………… 060

（一）認識五行的重要性 ……………………… 060

（二）干支陰陽來源於五行 …………………… 061

二、五行氣陰陽的排列與含量 …………………… 061

（一）如何認識五行陰陽 ……………………… 061

（二）破譯五行陰陽的核心 …………………… 075

三、古人對五行性的一些總結 …………………… 075

（一）五行分陰陽……………………………………… 075

　　（二）五行性…………………………………………… 076

　　（三）春生、夏長、秋收、冬藏……………………… 079

　　（四）春木溫、夏火熱、秋金涼、冬水寒…………… 081

　四、五行心性與五行象義……………………………… 081

　　（一）木………………………………………………… 082

　　（二）火………………………………………………… 088

　　（三）金………………………………………………… 092

　　（四）水………………………………………………… 097

　歸納總結………………………………………………… 106

第五章　十干與陰陽……………………………………… 110

　一、十干與五行………………………………………… 110

　　（一）五行生化十干，強氣干與弱氣干……………… 110

　　（二）十干與天地人的關係。身心靈，十干五行陰陽‥111

　二、十干陰陽氣的排列及含量………………………… 112

　　（一）陽氣干——陽外陰內：甲乙丙丁戊…………… 112

　　（二）陰氣干——陰外陽內：庚辛壬癸己…………… 112

（三）陰陽氣含量 ··· 113

第六章　福報干與災報干 ································· 120

一、陰陽的定位 ··· 120

（一）陰陽定位後 ··· 120

（二）懂得了陰陽特點 ·· 120

二、十干陰陽劃分 ··· 125

（一）陽：甲乙丙丁戊 ·· 125

（二）陰：庚辛壬癸己 ·· 127

三、十干與福報、災報大小定位及取象 ··············· 129

第七章　形干與氣干 ·· 132

一、形干與氣干在定位與取象上有什麼特點呢？ ········ 132

二、十干分形干與氣干 ··· 134

（一）氣干與形干的劃分 ······································ 134

（二）探索門形干與氣干的劃分依據 ··················· 135

三、形干與氣干的特點 ··· 137

（一）形干特點 ··· 137

（二）氣干特點 …………………………………………… 144

四、形干氣干對比總結 …………………………………… 146

第八章 古人對十干的十字總結——十干定位與取象之一 …………………………………………………………… 149

一、古人對十干的十字總結 ……………………………… 149

（一）十干：甲乙、丙丁、戊己、庚辛、壬癸 ………… 149

（二）十字：曲直、炎上、稼穡、從革、潤下 ………… 149

二、十字解析 ……………………………………………… 151

（一）木——甲乙——曲直 ……………………………… 152

（二）火——丙丁——炎上 ……………………………… 155

（三）土——戊己——稼穡 ……………………………… 158

（四）金——庚辛——從革 ……………………………… 159

（五）水——壬癸——潤下 ……………………………… 162

第九章 現代坊間對十干的認識——十干定位與取象之二 …………………………………………………………… 164

一、現代坊間對十干的認識 ……………………………… 164

(一)依據：以形取象。不知根源，與本質無關………165

(二)舉例：十干取象，憑經驗積累，不可複製……166

二、探索門十干定位取象的依據與方法…………173

(一)依據：天地人思想，十干是天地的產物、是五行陰陽的載體………………………173

(二)方法：以形觀氣，陰陽靈、五行性、十干形……174

第十章 探索門十干取象——十干定位與取象之三··178

一、探索門取象的三個角度及指導思想………178

二、探索門十干取象定位……………………180

第一組 甲乙木………………………………180

(一)甲乙木取象的三個步驟…………………180

(二)甲乙木取象的五大內容…………………192

第二組 丙丁火………………………………203

(一)丙丁火取象的三個步驟…………………203

(二)丙丁火取象的五大內容…………………209

(三)木火向陽，木追求天道，火通天道………214

第三組　戊己土 …………………………………… 215
  (一) 戊己土取象的三個步驟……………………… 215
  (二) 戊己土取象的五大內容……………………… 224
第四組　庚辛金 …………………………………… 230
  (一) 庚辛金取象的三個步驟……………………… 230
  (二) 庚辛金取象的五大內容……………………… 236
第五組　壬癸水 …………………………………… 241
  (一) 壬癸水取象的三個步驟……………………… 241
  (二) 壬癸水取象的五大內容……………………… 245

第十一章　十二地支本質特點及其作用 ……… 253
一、十二地支的概述 ………………………………… 253
  (一) 什麼是地支，認識地支的意義 ……………… 253
  (二) 地支的主要表述 ……………………………… 254
  (三) 地支對論命的價值 …………………………… 254
二、十二地支取象 …………………………………… 263
  (一) 十二地支取象體系非常龐雜，這裡需要說明一下 263
  (二) 十二地支取象原則 …………………………… 266

（三）十二地支的大體取象 ················· 268

三、十二地支分類取象 ···················· 283

（一）十二地支分類取象的指導方針 ········· 283

（二）十二地支分類取象示例 ·············· 286

第一章 探索門命學四大部分

【本節主要內容】

一、要理解干支符號學的整體概念。

二、要掌握探索門道法術器的整體組成。

三、要理解天地人的總體指導思想,為學習命理打下堅實基礎。

一、八字講什麼

八字命理學是一門模擬生命運行規律的學科,通過干支記錄出生時間,用年月日時演繹命運軌跡。

八字中有四個天干和四個地支,一共八個字,所以稱為八字命理學,也叫干支符號學,其中天干、地支、人元就是代表天地人的符號。

八字所表述的是人和外界的關係與作用結果,人與天時地利的關係(國家社會),以此來得出一個人

的富貴貧賤壽夭吉凶。

八字承載天地人信息，是一門以道馭術的學問，所以八字並不簡單。社會上有句話叫倒黴落魄學算命，這是一個誤區，真正的八字是一門天地人學問，非常深奧，學習八字要有一定的思想準備。

二、探索門命學四大部分：道、法、術、器。

探索門命學分為道、法、術、器四大部分，層層推進，以此來全面認識和掌握古聖人所創造的這門神秘預測術。

（一）道——天地萬事萬物的總規律，是論命總的指導思想

八字是天地人之學，探索門總的指導思想是天地人三才之道。命運是人與外界的作用結果，人的命運主要取決於天地外界，即天時、地利、人和，或者說是國家、社會、他人。

人只是一個載體，人只有遵循天地自然之道，才能真正主宰自己的命運，如果一個人違背了天地自然之道，想法再好也是沒有用的。

我們論八字，講天地人之道，那麼天地人到底講的是什麼？

1. **天道地道人道**：從大的方面來講，天地人就是天道、地道、人道。或者說是天道運行規律、地道運行規律、人道規律。

    比如天道主生、主和諧，人道主克、主競爭，人道是充滿競爭的，是充滿矛盾衝突的，這個就是規律。

2. **天命地命人命**：人有三條命，天命如何，地命如何，自己的人命如何。天命無法更改，人生有些東西生下來就定好了，比如說父母、祖輩、基因、家庭狀況等等，這個都是生下來就定好的。地命也很難改變，除非有了很大的能力，地命就是大的社會形勢，當然地命可以選擇。

比如，天時、地利、人和，國家、社會、他人，個體、局部、整體，這些都是天地人所要講的大方面的主要內容。

天地人在八字中是有有具體的對應，並不抽象，那天地人對應什麼呢？

(1) 陰陽五行干支：天道陰陽，落實到地道為五行，在人道化為干支，干支包括十神。

(2) 月令局勢干支：月令為天道，局勢是地道環境，干支為人。

(3) 天干地支人元：真正論命地支人元藏干很重要。

(4) 命局大運流年：命局就是天，大運就是地也就是舞臺，流年是人，出現什麼樣的人。

古人對天地人也有總結，講的就是形象氣勢。形象氣勢，包含了天地人的結構。實際上天地人的本質就是講八字的結構，因為人是天地的產物，只有把天地結合起來了，才能完整的真正地看透一個人，八字

講的就是天地人的結構。

一個八字首先看是否得天時地利，再看有沒有得人和。**得了天時地利，從十神角度來說成格局，從十干角度來說成太極，這種結構叫大結構。**得天時地利的結構，即使局部不好，或者個體不好，也是非富即貴的人，局部不好或者個體不好無非健康不太好，或者婚姻或者子女方面有遺憾。這種結構的人，雖然某方面有不好，但是大結構很好，一定是富貴中人。

不得天時地利，即使局部組合再好，富貴方面最多得小福貴。從十神角度，凶神有制，吉神有護，財官印全；從十干角度說，陰有制化，陽有發用，也是小富貴。

比如說火金組合，土水組合，由於沒有得天時地利，結構再好，也只是局部好，叫雜氣結構，是沒有大的富貴的，只是局部有些小好事，人生會比較平順，最多得小富貴。這也就是我們常說的「大富靠天，小富靠勤」，只有得了天時地利的命局，才有大富貴，不得天時地利的，最多只能小富貴。

　　論命首先看八字結構，主要看兩個方面：一看天地意志：看天地意志就是看天地主氣走向，天地主氣走向能否成格局、或者成太極，這才是真正決定富貴貧賤壽夭吉凶的主要條件。

　　古人論命，幾乎所有門派都要看月令，月令不是月支藏干，月令是天命，是天的意志。如果天的意志不體現，再看地的意志，地的意志就是局勢，這就是格局。

　　因此論八字，格局是基礎，格局講的就是天地的意志。天地主氣的走向，十神用格局，十干看太極，天地的意志，那就是四季，這個意志是固定的，春天是什麼氣，夏天是什麼氣，地的意志會不會改變天的意志，組合出現了地支主氣。

　　看八字首先要看天地的意志，天地的意志決定原命局大事情基本定型。然後再看個人的意志。

　　二看個人的意志：一個人的心之所向，想要做什麼事情，想要得到什麼，這就是個人的意向。但一個人想要得到什麼，和最終能不能得到沒有關係。想法

和現實是兩碼事,這就有了「謀事在人,成事在天」的經典感慨。

人可以決定自己想什麼做什麼,但是成敗是天地意志所決定。因此,我們只有在尊重天地意志的基礎上,才有可能去完成人的意向。

比如盲派命理,論命主要從個人的意向出發,即從日主意向開始,首先看日主有沒有合財合官,來看這個人的追求是財還是官,然後再去定富貴貧賤壽夭吉凶。合財或者合官的人,多是想做事的或者得名利的,但是能不能得到不是日主說了算,而是天地、國家社會、天時地利說了算的。因此日干的意向只能是取象的。

所以論八字分為兩個部分:一個是定富貴貧賤壽夭吉凶,一個是看人事取象。富貴貧賤壽夭吉凶就看天地的意志;人事取象就以日干為中心,看日主的意志。

這就是八字結構重點要看的兩大內容,天地的意

志和日主的意志。

八字是天地人之學,人是天地的產物,天地才是造命之神,所以一切論命都必須以天地人之道為基石,如果脫離了這個基石,那命學只能學到取象的層次。下面我們通過一些命例,來看看天地主氣有多麼厲害。

例1 乾造:癸亥、癸亥、戊辰、己未。

日主意在合財,是個閒不住的人。財代表任務與欲望,財旺和日主比較有情的,這樣的人有比較強的責任心,容易成為工作狂財迷,把掙錢放在第一位,但是最終是否能發財,要看天地的意志。

從十神角度——財要護衛,第三個字是劫財,破格局。從十干角度——地氣是火氣,木氣自由,土氣的力量就弱了。

所以從格局和太極來看,命主沒有駕馭天地能量,沒有大富貴。命主是個財迷,一直在做生意,從一進入社會,就是小老闆,但是生意做不大。管理能

力不錯，一個大型洗腳店的小管理人員，自己入了點股份，比打工強一點的收入。丙申丁酉年自己做老闆，就破財。

例 2 坤造：乙卯、丁亥、壬戌、己酉。

冬天的土克水，老闆相，老闆有多大，要看理氣，理氣有木克土的，是個小老闆甚至欠債的老闆；理氣為土克水的，那一定是大老闆。

這個八字理氣有水克火，金克木，但是這個八字會有點起落，因為土克水，酉戌火克金易發動。

例 3 坤造：甲辰、丁卯、壬申、壬寅。
例 4 乾造：甲子、戊辰、壬申、壬寅。

例 3 和例 4 看起來有點相似，但是天地主氣不同，命運截然不同。

例 3 是搞礦產的億萬富婆，理氣後得了水庫辰，但從健康角度有問題。卯月的丁火，怕甲木坐辰。命主有慢性病，而且動了幾次手術。這個八字雖然駕馭了

天地主氣，但是父母的健康，自己的健康始終有問題。

例 4 表面看比例 3 的漂亮，用格局看，食神制殺，是個縣城裡面的交警。但太極看，破太極了，八字一片水木，木克土，要用金，用神不發用，是用神的災，金可以看牢獄。命主在執法過程中打死了人，坐牢了。

例 5 乾造：癸丑、庚申、庚辰、甲申。

這個八字成了格局，己土司令，立傷官，配印了，真神得用，公安廳的處級官員。但是金克木了，局部有問題。雖然有富貴，但是局部有比較大的災。

例 6 坤造：丁巳、癸卯、壬午、丁未。

理氣，木克土，水克火，傷陽，金在巳中受克。真正最大的災都是天地主氣傷害自己。

命主自己是精神病，父母老公也都不在了，孩子在孤兒院，這個八字不僅傷自己，六親的陽也都傷掉了。

(二)法——法則

1. 法的含義

法，即法則，是基於道的方向和準則，是一切術判斷富貴貧賤壽夭吉凶的依據，如果一種方法缺少了道和法，方法是沒有用的。

因此論命的方法很多，斷語很多，往往時準時不准，因為它脫離了道與法。法則才是術的框架，術的判斷標準。

2. 探索門主要有四大法則

探索門四大法則：中和法則，陰陽法則，吉凶法則，生克法則。

(1) **中和法則**：這個是最重要的法則，稱為第一法則。

論八字主要看中和，和就是人與外界的關係，中看最終作用結果是否平衡。因此看八字就看中和，中和是萬法之宗，是一切方法的靈魂，所有方法都講中和，無

非有些偏向於中,有些偏向於和,因此中和法則是最大的法則。

(2) 陰陽法則:八字無論是十神、神煞、納音,講的都是陰陽,脫離陰陽無法斷命,脫離陰陽就脫離天地了,陰陽有自己的法則,內容比較多。

陰陽法則包括:體用法則,形氣法則,先天後天法則,二八法則,同家法則。

什麼叫陰陽法則?比如十神論命,把凶神當做陰,吉神當做陽,因此凶神要制化,吉神有護衛;比如十干論命,十干分為陰和陽,木火戊土為陽,金水己土為陰,陽干要護衛發用,陰乾要制化,這樣才符合天地陰陽之道,因此就有了字碰字,什麼字看到什麼字會代表什麼樣的人事出來,就可以取象了。比如火克金,金見到火了,就陰陽平衡了,當然不能偏離二八法則,不能違背形氣法則,這就代表很風光的事情,生活有奢侈品,人生風光體

面，工作一般是搞科研、做生意、搞管理的。再差的工作也會搞修理，搞生產加工。因為金就需要火煉，金是少陰，陰氣在外面，沒有成才，就需要火。

(3) **吉凶法則**：指吉凶的判斷依據，內容很多，有十神的吉凶判斷，有十干的吉凶判斷，外形的吉凶判斷，個體局部整體的吉凶判斷。

(4) **生克法則**：指生克作用間的死規定，生克概括起來就 9 個字，生克制化刑沖合害破，各種作用都是有法則的，比如什麼時候才能發生作用；發生作用以後是吉還是凶；還有在生克法則裡面的體現，比如天干和地支能不能生克；地支藏干人元能不能生克；地支藏干人元什麼時候能生克等等，這些都是有死規定的。

(三) 術——方法

1. 術的含義

術，就是具體的方法，探索門從道法術一步一步走來，術就是具體方法。

全面論命要分形法和氣法：形法主要用於人事定位與取象，看人事物有無、多少、優劣。氣是能量，是人事物的靈魂，氣法看最本質的東西，包括定富貴貧賤壽夭吉凶。

2. 論命切入角度

角度有兩個：十神和十干，分別看人的社會屬性和自然屬性。

3. 探索門方法總共有四種：

(1) **十神角度**——氣法格局（氣法）和形法格局（形法）

形法格局主要用於取象的，凶神有制化，吉神有護衛，人事肯定有好的，比如財官法，沒有格局才看財官，主要看的是

人事關係，社會定位，工作職業。

氣法和形法不一樣。得了氣一定是有富貴的，得了形有些八字身旺財官旺，但沒有得天地主氣的，能在社會上做點生意，或者是個管理人員，但最多是個小富小貴，沒有大的成就。

所謂形，就是人間雜氣，得的是表面的東西，天時地利權力得不到。

(2) **十干角度**——太極法（氣法）和字碰字（形法）這部分在後面有專門介紹。

(四) 器——工具

1. 器的含義

器——器具、工具。人生活在有形的世界中，是以物質為基礎的，以有形的東西為基礎的。論命首先要有工具，然後用方法，工具是什麼，工具就是看的到、摸得到的形，就是干支、宮位和十神。

2. 器的舉例

　　干支——是本源、本質、本體,是自然人,是天地陰陽的化身與載體。

　　十神——干支碰撞後產生的,是人進入社會後的外衣,是社會關係,社會定位。

　　宮位——干支的家,落腳點,比如日干是日主的落腳點,月柱父母兄弟姐妹,時柱就是子女的落腳點。

以上就是探索門命學的四大部分。

三、道法術器的辯證關係

1. 學習需要循序漸進,總體認識道法術器非常重要

　　認識探索門命學體系,是學習的前提。八字的學習絕不是一蹴而就的,這門學問的學習要想取得進步,需要一步一個腳印,需要打下

扎實的基礎，用科學的思想指引，謙虛的態度求證，篤誠的信念支撐，並且要持之以恆實踐論命，還要善於總結，只有這樣才有可能在這條路上越走越遠！

2. **天地人的總體指導思想是指導一切論命的總綱**

道是分天地人的總體指導思想，如果法術器脫離了總體指導思想，就會走偏，學多少年也只是懂得皮毛。希望所有法則的認識及應用，都要在天地人的指導下運作，才不會走偏，快慢都沒有關係。相信大家在未來的道路越走越寬！

第二章　認識十干

【本節主要內容】

一、瞭解天地陰陽演化的過程，懂得干支與陰陽的關係。

二、要懂得八字論命的基本元素，為論命打下堅實基礎。

三、要懂得十干在論命中的核心地位，干支的三大作用。

一、干支與命運

　　八字命理學也叫干支符號學，根據干支的組合配置、作用關係以及作用結果來表述人生，定位富貴貧賤與壽夭吉凶。因此，干支是打開八字神奇之門的金鑰匙，論命首先要從干支開始。

二、十干是八字的核心元素

1. 天干與地支的分工。干支指的是天干與地支。天干和地支是一個完整的組合，有各自的分工，天干是具體的人事物，地支是為天干服務的，是天干的根基，是天干的家，因此，看天干的時候一定要考慮地支，看有沒有通根、出自於哪一個地支等。干支是一種主輔的關係，因此，干支符號學，首先講的是十干，十干是論命的核心元素，認識了十干也就明白了十二地支，包括十神也有了靈魂。

2. 八字論命涉及到的各種元素與基礎。八字論命以十干為本體，為中心，還涉及到其他的論命元素：太極，陰陽，四象，五行，十干，十二地支，十神，宮位。先做簡單的概括提示，後面的課程我們再系統的逐一講解。

基礎知識：天命四時，即春夏秋冬；干支力量，

即旺衰強弱；干支作用關係，即生克制化刑沖合害破；干支組合，六十甲子、字碰字；命局大運流年關係。這些基礎知識在其他書中專門論述，這裡不再一一贅述。掌握了這些論命元素，再結合基礎知識和論命方法就可以初步論命了。

三、天地演化萬物的過程

八字的論命元素我們可以通過天地演化萬物的過程來認識與理解，根據《道德經》：「道生一，一生二，二生三，三生萬物；萬物負陰而抱陽，沖氣以為和。」來解讀。「道」：是宇宙的總規律，是萬事萬物的運行規律。

「一」：太極。太極是生命體，由陰陽兩大部分組成。

「二」：陰陽。陰陽是萬事萬物的兩大組成部分，是天道用來造命的兩個能量團，是清氣和濁氣，是正能量和負能量。陰陽是造命之神，是命運的主

宰，決定富貴貧賤、壽夭吉凶，包括形體相貌等。陰陽如何造命呢？就是二生三。

「三」：五行，天地人陰陽通過春夏秋冬布氣於地球，決定萬事萬物的生殺大權。春天少陽木氣，夏天太陽火氣，秋天少陰金氣，冬天太陰水氣，再加上地球的本氣土氣，就有了地道五行氣。其中，木火一家，木是少陽，火是太陽，少陽太陽都叫陽；金水一家，金是少陰，水是太陰，少陰太陰都叫陰；加上地球土氣，就形成了火水土，天地人三道，這就為萬事萬物提供了生存的環境和發展的平臺。

「萬物」：十干每個五行化生出兩個子女，木氣生出了甲木乙木，火氣生出了丙火丁火，土氣生出了戊土己土，金氣生出了庚金辛金，水氣生出了壬水癸水，這就是十干。十干是人道的十大物種，十大類人事物，因此，十干能夠概括所有的人事物。五行到了人道就化生出了萬事萬物，有了萬物以後，隨之而來的就有了萬物的碰撞，就有了碰撞以後的社會關係以及富貴貧賤、壽夭吉凶的命運。**地支**：是十干的承

載、地盤、根基以及生存的環境。**十神**：是干支碰撞的結果，是十干與外界的社會關係，看一個人的社會屬性。**宮位**：是十干的落腳點，是六親的家。

「萬物負陰而抱陽」萬物就是十干，十干是陰陽的載體和化身，所以每個十干都是由陰氣、陽氣兩大部分組成。

「沖氣以為和」萬物要發生碰撞，碰撞的結果就是吉凶。碰撞後陰陽和合就有吉，傷陰傷陽就為凶，以干支碰撞以後的陰陽平衡狀態（太極狀態）來定位富貴貧賤、吉凶禍福。

四、十干的出處與作用

通過認識天地人演化萬物的過程，我們就明確了十干的出處與作用。

（一）十干的出處

十干屬人道有形的人事物，是地道五行在人道

的子女，十干都具有五行的基因，承載五行氣。五行來自四象，四像是陰陽變化的四種狀態，由此可知，五行是天道陰陽生化出來的，如春天木氣來自于天道少陽，依據這樣的邏輯線索，干支就與天道陰陽有了內在的關聯。十干是地道五行氣的載體和化身，是天道陰陽的載體和化身，這就構成了人道一個完整的人事物，由天地人、身心靈組成，有血有肉的人。身是外在的肉體，心為內在的思想，靈為深層的靈魂，靈魂通俗化的理解就是人的三觀，世界觀、人生觀、價值觀，信念和信仰。身看十干，心看五行，如甲乙木承載五行木氣，只要木不受傷，不幹壞事，沒有太旺不及，那麼心地善良，敏感脆弱，善於思考；靈看陰陽，決定富貴貧賤及壽夭吉凶。知道了十干的來源與出處，就知道了十干承載五行氣與陰陽氣，就能以形觀氣，這就達到了一個陰陽師的水平。通過以形觀氣就能看到十干的本質，比如十干的心性，就能知道十干為水的，講謀略，欲望強，如果水沒有制化，就是魔性，髒

亂差，心思邪惡，做事無底線。

(二) 十干的作用

1. **陰陽的化身**。十干是天道陰陽的化身，可以定位取象，什麼樣的人事物，物種的好壞，災報和福報，具有什麼心性特點，以及喜忌和成才之道等。

2. **陰陽的載體**。十干是陰陽的載體，就知道了每個天干的陰陽排列組合及含量，通過陰氣干和陽氣干，旺氣和弱氣，形干和氣干來表述。如同樣是木，陰陽氣的排列組合都一樣，但甲木是強少陽氣，乙木是弱少陽氣，甲木承載的陽氣更多，因此，甲木的福報比乙木大，如甲木單位大，工資收入高，乙木單位小，工資收入低。

3. **理氣的工具**。十干都帶氣，十干與外界發生碰撞以後陰陽氣和五行氣會發生變化，富貴

貧賤、壽夭吉凶就會隨之發生變化，這就有了「近朱者赤，近墨者黑」，這就有了人是環境的產物，環境可以影響人。人如果沒有和外界碰撞，沒有受到刺激，那麼思想和行為就很難改變，人生也就一成不變了。人只有受到了刺激，人只有換了環境，到了不同的單位，遇見了不同的人，氣場才會發生變化，那麼，行為習慣，富貴貧賤也就隨之發生變化。因此，這就有了「三十歲之前要跟對人」，「男怕入錯行，女怕嫁錯郎」的說法。

綜上所述，這些都說明了氣場的重要性。十干很厲害，不僅能定位人事與取象，還是理氣的工具。所以，人就有了改變命運的可能，通過環境、通過團隊、通過思想、通過行為來改變命運。

第三章 認識八字各元素

【本節主要內容】

一、瞭解各元素本質含義,為學習打下堅實的基礎。

二、概念的定義很重要,如何讓這些元素為實際論命服務,一定要在天地人思想指導下去理解認識這些元素。

三、懂得這些概念要與社會上論命元素的區別。

  我們知道,社會上對太極,陰陽,四象,五行,十干,十二地支,十神,宮位等論命元素的理解,多是抽象的概念性理解,與實戰論命聯繫不上,其實,這些論命元素都是論命的工具,是可以拿來直接論命的。

  現在我們要慢慢深入,逐一的認識這些元素:

一、太極

(一) 太極的本質

1. 太極的本質：

太極是組成生命的一個活體。太極就是一，就是生命體，一個人，一件事，一個物。這就是所謂的「一物一太極，一花一世界。」如天地是一個大的生命體，人是一個小的生命體。

2. 太極的範圍：

其大無外，其小無內，大到國家社會，小到人體器官，肝、膽、脾、胃都是一個太極。

3. 太極的組成：

太極由陰陽兩大部分組成，大到整體八字，小到天干地支，都是由陰陽兩部分組成。如甲木就是一個少陽太極，有 1/3 陽，2/3 陰，甲木可以代表一個人，代表頭腦，代表代

表肝臟，只要陰陽是和合的，人就健康。

4. 太極的作用：

太極以陰陽力量的對比來判斷富貴貧賤、吉凶禍福。

(二) 太極的種類

1. 整體、局部、個體角度。

整體太極：人生整體的大局，富貴貧賤、壽夭吉凶，對應的方法是後天太極。

局部太極：人生局部的情況，如婚姻家庭、工作事業、子女等單項。

個體太極：個體自然人本體的情況，本體的好壞優劣，如天賦秉性，形體相貌，個性脾氣，才華才干等，看不了人生局部的事情，更看不了人生的富貴貧賤、壽夭吉凶。

2. 太極大小程度：大太極、中太極、小太極。
3. 先天後天角度：先天太極和後天太極。

二、陰陽

(一) 陰陽的作用

我們講的陰陽是論命的靈魂,能直接論命。陰陽是造命之神,具有生殺之權,決定人的命運,所有的富貴貧賤,壽夭生死都看陰陽,形體相貌,高矮胖瘦,黑白美丑等也都看陰陽,無非一個看天道陰陽,一個看人道陰陽。

(二) 陰陽學習的核心

陰陽是天道的造命之神,是清氣和濁氣,是正能量和負能量,是天道的兩大能量團,很抽象的概念,要通過四象、五行、干支來認識。四像是對陰陽的詳細講解,五行是陰陽的成員,十干是陰陽的化身和載體。

所有的論命都是從太極一步一步下來的,太極看結果,太極由陰陽組成,陰陽是論命的靈魂,陰陽看不到摸不著,就要通過干支來以形觀氣,因此,八字論命把干支作為論命的核心,八字命學也叫干支符號

學，我們後面會對干支做重點講解。

(三) 天道陰陽在地道人道的落實

1. 天道陰陽

天道陰陽是造命的兩大能量團，為造命之神，是命運的主宰者，真正決定人的富貴貧賤、壽夭吉凶。

2. 地道陰陽

地道的陰陽還是屬氣的範疇，還沒有成形。地道陰陽講的是五行，五行由四象而來，春天秋冬落實到地道就有了五行。木火為陽，金水為陰，土為地球平臺，土起到承載、運化、融合的作用，戊土為陽的平臺，己土為陰的平臺。

地道五行對應「身心靈」中的「心」，代表心性，想法，個性，脾氣，品質，性質；身對應人道的干支形，代表人的肉體；靈對應天道的陰陽，代表深層的東西，為不變的信念信

仰，固定的三觀，能夠上升到信念信仰的層面，是穩定不變的，多變的還叫意識想法，還屬五行心的範疇。地道五行很重要，承上啟下，起到溝通天道與人道的作用。

3. 人道陰陽

人道陰陽指水火，丙丁火，壬癸水。甲乙木是輔助火的叫少陽，庚辛金是輔助水的叫少陰，戊己土是金木水火的平臺。

人道陰陽由十干代表，最實用，應用於人事物的定位和取象。

舉例說明：

如：八字中有火，火代表尊，貴，名人大師，公眾人物，官員，領導者等。火旺見陰平衡就能發用，火見水平衡，容易出名；火見金平衡，代表管理；火見己土，也有小功能，代表實用技術的應用等。

如：水代表卑微，低賤，底層，窮病災，髒亂差等，八字中水旺沒有制化，形體相貌要麼瘦小，要麼

肥胖，很黑，長的丑，卑微低賤，社會底層，疾病、貧寒。要是水旺有代表陽的木火土來平衡，通過陽讓陰有了成就，則以富為主，帶點名氣。水代表智商，聰明，靈活，反應快；微胖，高大，有氣勢；生意人，技術人，搞權利的人，如土克水，代表當老闆，有實力的人，做生意，進而有社會名氣。木火為清秀挺拔，精神狀態好，善良正氣帶威嚴，但缺少老闆的氣勢。

三、四象

（一）四象的本質

四象的本質是對陰陽四種變化狀態的描述，四像是陰陽的直接分化，陽分為少陽和太陽，陰分少陰和太陰，少陽、太陽、少陰、太陰就是四象。這樣理解四象太過抽象，我們要「人法地，地法天，天法道，道法自然」去解讀四象。

(二) 四象的對應

1. 四象與四季對應：春夏秋冬。

　　四象對應春夏秋冬，春夏秋冬就是天道陰陽的變化，陰陽通過春夏秋冬四季之氣落實到地道，少陽對應春天木氣，太陽對應夏天火氣，少陰對應秋天金氣，太陰對應冬天水氣。

2. 四象與方位的對應：東西南北。

3. 四象與風水的對應：青龍、白虎、朱雀、玄武。

四、五行

陰陽和四象屬天道的範疇，五行屬地道，是天道與人道溝通的橋樑，起到承上啟下的重要作用。

五行指的是金木水火土五種氣的運行狀態。五行為地道五種環境氣場，春天少陽木氣，夏天太陽火氣，秋天少陰金氣，冬天太陰水氣，再加上地球的本氣土氣，就有了地道五行氣。其中，木火，少陽太陽

為陽的一家，金水，少陰太陰為陰的一家，加上地球土氣，就形成了火水土，三即五行。

如果從形象化、生活化的角度去理解，天道陰陽通過春夏秋冬四季布氣於地球，五行由四象而來，由四象推導出五行氣，即春生，夏長、秋收、冬藏、土化。

木為春天少陽的生髮之氣，陽外陰內，1/3 陽 2/3 陰，陽少陰多，陽氣冒頭，萬物向上生長，善良單純，有理想有追求，但陰多陽少，精神化，情緒化，幼稚，一根筋，小孩子脾氣。

火為夏天太陽的綻放之氣，陽外陰內，2/3 陽 1/3 陰，陽氣足，能夠快速成長成熟，因此，夏天是生命最熱烈、最旺盛、最美麗的季節。

金為秋天少陰收斂之氣，陰外陽內，陰少陽多，陰氣出頭，但陽氣足，因此，秋天代表豐收、辛苦、喜悅的季節。金自然就代表收穫、物質、富裕、開心、享受。金的人很現實，先付出辛苦，後收穫喜悅，享受生活，活在當下。

水為冬天太陰的收藏之氣，寒冷，收縮，小氣，控制，佔有，不折手段，陰暗，神秘，謀略，疾病，死亡。

有了五行以後，天人就感應上了，就有了萬事萬物生存的環境和平臺。可知五行有多麼重要，它是溝通天人的橋樑，也就是認識陰陽和干支的橋樑，要破譯陰陽和干支必須通透五行。

五、干支

（一）十干

十干是地道五行在人道的子女，每個五行生出兩個天干，一共就有了十干。每個五行分化出一男一女，一強一弱，一氣一形。木生甲木乙木，火生丙火丁火，金生庚金辛金，水生壬水癸水，土生戊土己土。

木的強氣生出甲木，木的弱氣生出乙木，甲木陽氣旺為男孩，乙木陽氣弱為女孩，民間有些生男

生女就看陰氣和陽氣，陰旺八字如果時柱陽氣旺生男孩，如果生的女孩，比較男性化；陰旺八字時柱陰氣旺生女孩，如果生的男孩，身體素質不好，或者比較女性化。

甲乙木同是木氣的子女，性質相同，但含氣量不同，形體相貌，行為習慣，個性脾氣，思維模式等方面還是有很大差別的，如甲木陽氣足，是調皮搗蛋的男孩，只要甲木沒有被破壞，不見水，或者甲木比較旺，天生麗質，亭亭玉立，求知欲強，頭腦靈活，聰明天才，活潑開朗，喜歡外面，雖然也很敏感，但性格偏外向。

乙木陽氣弱，是文靜內項的女孩。因此，八字乙木旺，或者日干是乙木的，缺少金土，90%都偏內向，頭腦反應慢，但專一執著，如果水旺就變成一根筋，孤僻古怪，如乙木自坐強根，見水，水無制化，體型還可以，個子比較高，但相貌一般，臉盤大，或者是個胖子，甲木見水旺也不行，年輕時體型好，中年以後容易發胖。

十干是五行的子女，每個十干都是五行的承載，必然攜帶五行的基因，具有五行的特性。如甲乙木一定會承載木氣，只要甲乙木是活的必然具有木氣的特點，每個五行由陰陽兩部分組成，每個天干也承載了陰陽氣，因此，天干是五行氣的載體，也是陰陽氣的載體。

　　知道了原理，我們就能以形觀氣，真正的陰陽師，一定能以形觀氣，這樣才能真正的看富貴貧賤、壽夭吉凶，形體相貌，性格脾氣，黑白美丑，功能價值，品質性質等，否則就是甲木是參天大樹，乙木是花花草草，庚金是機器，辛金是把刀，這種無關富貴貧賤沒有實際意義的取象。

　　八字命學叫干支符號學，通過人道的干支看到地道的五行、天道的陰陽，那就成功了，至少路走對了，不出幾年也會成功，但如果方向錯了，學習幾十年還是只能取點象。

(二)十二地支

1. **地支出處**：天干和地支都是地道五行化生的子女，在天為天干，在地為地支，都是陰陽的載體和化身，干支是一組陰陽，天干代表人事，主功能，地支承載人事，是天干的家和根基，為基礎。

2. **地支的作用**：地支為天干服務，是對天干的詳細說明。

　　干支各有分工，天干主外，是外在的體現，是表演的人事，是台前；地支主內，是幕後，是支持，是為天干服務的。因此，干支首重干，知道了天干也就能破譯地支，當然，地支在定位取象方面和天干還是有所不同，如居住的環境和方位、工作的行業和單位等，要看地支，天干看從事什麼工種，做什麼工作的人，但從事的行業、單位的環境還是要看地支。

六、十神

干支是天道陰陽的載體和化身，為人事物定位與取象用的，什麼樣的人事物，與陰陽的關係，進而判斷人的富貴貧賤、壽夭吉凶，看人的自然屬性，為最本質為裡子。十神表述人事的社會關係，為最外層的面子，看人的社會屬性。

干支的碰撞就出現了十神。人進入社會以後，就有了人與外界的關係，以日干為中心，共有十大關係：

同我者為比劫，年齡、身份地位和我差不多的人，如兄弟姐妹，同學，同行，同輩人，競爭對手等。生我者我梟印，年齡、身份比我大的人，給予、保護、養育我的人，如父母、長輩、依靠、保護、教育、老師等。

克制我者為官殺，克者為官，代表管理打造，制我者為殺，代表打擊傷害，或者是嚴厲打造我的人。

我克者為財，異性相克為正財，同性相克為偏

財。財者，我能控制的人事物，物質，工作，收入，異性，情感，男命為配偶。

　　干支是本體，十神是本體的社會功能，社會分工，社會定位，社會身份，社會人事關係。坊間多用十神論命，這就本末倒置了，不知道本質只看人事關係，如我克者為財，火克金和木克土所克的財是完全不一樣的，看先天婚姻，火克金，就是好的，木克土，就是不好的，同樣是身旺財旺，一個可能是老闆，一個就是殘疾。

　　十神是八字論命的元素之一，肯定是要學習的，但要分清主次，十干才是人事的本質，生命的本質，能從人看到天、看到地。

七、宮位

(一) 宮位的概念

　　我們把出生時間換算成干支紀年，就有了四個天干，四個地支，四柱八字，也叫生辰八字，也叫

四柱。年月日時各占一柱，每柱匹配一個天干一個地支，以年月日時的順序排列，以宮位來表述。

(二) 宮位的作用：定位作用，定位時間、空間、六親、年齡等

1. **定位年齡**：每個柱代表 15 年，四個柱正好是一個花甲子六十年。

2. **定位先天後天**：年月為先天，日時為後天。年月是指出生之前，或者進入社會以前，先天就是自己無法把控的部分，後天是出生之後，或者進入社會以後，自己可以努力掌控的部分。

3. **定位六親**：年看祖上，月看父母；年看國家，月看當地政府。年月看 30 歲之前，看父母的原生家庭；日時看 30 歲以後，自己的婚姻家庭子女，日柱看自己，看自己的配偶家庭，時柱看子女。

舉例說明：

如：年月代表祖上父母的家，年月破敗，祖上父母貧窮，傷陽傷陽，祖上父母有大災，家破人亡等。

如：日干代表自己，日支代表配偶，不管是形法還是氣法，日支干了壞事，肯定都是自己的災禍；如果日支受傷，配偶有災，不僅婚姻不好，還會出事。

如：時柱代表子女宮，時柱傷陽傷陽，子女有問題，自己的晚年難幸福，因為生命是有延續性的，自己年紀大了就看子女，子女不好，自己也就沒有希望沒有未來了，那自己能好到哪裡去呢？

初學者接觸宮位不要太複雜，就是定位取象，區分年齡段，區分自己和六親，區分社會分工，那個宮位的字受傷了，這個宮位所代表的人事物必有問題。宮位取象還有很多，我們可以慢慢學習、整理、歸納和總結。

八字命理學是一個龐大的知識體系，要學的內容有很多，一定要分清主次，抓住重點，打蛇要打七寸。論命的重點看人的富貴貧賤、壽夭吉凶；其次是

工作職業、健康疾病、婚姻家庭、子女等單項；最後才是細枝末節，花花草草的取象。

如果沒有抓住重點，即使論命有時候很神奇，甚至鐵口直斷，如頭髮長短，喜歡穿什麼衣服，出生地前面有條河流，有座山等等，實際沒有多大意義，只會迷信別人，麻痹自己，論命還是缺少底氣，如無源之水，無根之木。論命只有在人生大局和單項定位都搞明白的前提下，再去細化取象才有意義。

論命的核心看陰陽，陰陽是論命的靈魂，陰陽是造命之神，具有生殺之權，所有的內容都要圍繞陰陽去看，要能看到干支十神背後的陰陽，四象和五行更是講陰陽，太極也只講陰陽。

以上就是關於八字論命元素的概念性解讀，後面的學習還需要不斷的細化和深入。五行和干支是學習的重點，五行承上啟下，干支是核心。

富貴貧賤、壽夭吉凶，工作職業，婚姻子女會看了，再去看十神，十神在社會關係方面的取像是很准

的，但本質的東西還是看不了，反而容易走偏。

八、干支的旺衰強弱及干支的作用關係

1. 干支分為外形與內氣，其旺衰強弱是干支生克的基礎，必須掌握，否則無法論命。旺衰強弱的判斷是理清命局內結構的關鍵，這包括形法與氣法，主要搞清楚先後主次及力量的對比。
2. 干支的作用關係，指天干的生克制化和，地支的刑沖合害破，具體細節內容，在探索門其他書上詳細介紹，此處不再展開。

九、命局大運流年的關係

命局是劇本，大運是舞臺，流年是落實，三者之間相輔相成，互為促進，一般情況下，劇本的大部分內容是已經在原局框定，部分在上演的時候也有臨時改寫劇本的時候，如何改寫，怎樣改寫，都是有具體

條件和情況分析的，這些內容將在探索門的其他書中敘述。

總結：八字學習的核心還是干支，通過干支看到陰陽五行，通過干支直斷富貴貧賤、壽夭吉凶、工作職業等，只有把握了每個要素的特點，整體融會貫通，並理論結合實踐，善於總結，才算走進了陰陽的殿堂，否則只能學習一些皮毛。

第四章　認識五行

【本節主要內容】

一、認識五行與陰陽的關係。

二、懂得五行氣陰陽的排列與含量。

三、把握五行本性與取象的關係。

四、把握古人對五行特性的一些總結。

一、五行與陰陽的關係

（一）認識五行的重要性

認識五行很重要，一方面可以在具體斷命時候直接運用，一方面可以根據五行的特性來認知干支的陰陽。

五行是天道陰陽和人道干支之間的橋樑，起到承上啟下的作用，認識了五行就能破譯十干本性，懂得十干與陰陽的關係。

(二)干支陰陽來源於五行

五行是地道五種運行之氣,五行是天道陰陽在地道的載體、化身以及代表。陰陽由春夏秋冬四季落實於地球,就有了地道五股氣的運行,木承載春天少陽氣,火承載夏天太陽氣,金承載秋天少陰氣,水承載冬天太陰氣,土為地球本氣,是陰陽轉化的平臺,土本身沒有陰陽,以承載偏陽或偏陰之物性來定位陰陽,戊土偏陽、己土偏陰。

二、五行氣陰陽的排列與含量

(一)如何認識五行陰陽

五行與陰陽的關係比較抽象,要想解讀五行陰陽的本質,必須靠陰陽的具體量化來解讀,每個五行都是由陰陽兩大部分組成,五行氣的成分就是陰陽,每個五行都有自己的陰陽氣排列與含量。因此,一個五行就是一個生命體,五行可以通過干支來體現。

比如,甲木是一個太極,乙木是一個太極,十干

就是一個具體的人事物，就是一個最小的太極。太極其大無外，其小無內。大到一個國家，一個社會；小到一個人，一個器官，一個細胞等等，都是由陰陽組成的。

（二）破譯五行陰陽的核心是陰陽的排列與含量五行由陰陽組成，每個五行都有陰有陽，不會是純陰純陽，純陰純陽不是人道的生命體

　　搞懂五行的陰陽氣排列與含量，是破譯五行陰陽的核心，知道了陰陽排列和含量，就知道了五行的特性與象義，進而知道十干的陰陽分別，福報災報，成才之路，性質特點，十干人事物的特點就清晰可見了，論命就有了基本依據。

　　下面對每個五行的陰陽排列與含量進行量化總結：五行的本質總體上比較抽象，為了讓大家有個更加清晰的認識，我們不妨形象化一點進行解說。

1. 木

(1) 木性特徵：天使與魔鬼同在善良攜邪惡並行

木性是人性的化身，天性善良，本性貪婪。這與五行木的陰陽排列有關。

木為春天少陽，是太陰向太陽轉化的階段，由冬天太陰物極必反轉化而來。陽長陰消，陽外陰內，陽氣占 1/3 左右，陰氣占 2/3 左右。陽少陰多，陽氣冒頭，春天陽氣向上生髮，萬物復蘇，草木萌發，各種花草次第開放，大地呈現一派欣欣向榮的景象。

木從冬天脫胎而來，代表生命的開始，木代表人，代表小孩子，外表活潑開朗，充滿了生機與活力，充滿了希望與幻想，積極向上，不斷進取。

人的天性向陽，向神，是精神的，是善的，嚮往美好與幸福，所以人往高處走，水往低處流。

人的本性為陰，向魔，是物質的，是惡的，充斥著貪婪與佔有，殺戮與掠奪，人性很醜陋，經不住考驗，更經不住誘惑。因此，人一半是天使，一半是魔鬼。

金木水火土五行都能代表人，但人的本源是脫胎于太陰的少陽木，所以木代表人的本體，代表身體，健康，壽命。因此，如果木旺沒有受傷，沒有被金破壞，沒有被水陰控制，也沒有干壞事，一般壽命都很長。

木中陽氣占 1/3 左右，陰氣占 2/3 左右，木氣生出甲木乙木，甲木的陽氣大於 1/3，乙木的陽氣小於 1/3，因此，甲木陽氣多，頭腦靈活聰明，是個天才，乙木的陽氣太少了，容易變成榆木腦袋，頭腦不開竅。

(2) 積極上進外奔陽，內在陰控魔性張

木如果見到了陽，就會積極向上，如果被老陰水利用了，就會藐視一切法律習俗，破壞道德觀念，去做連自己都不明白的事情，要麼

損害他人，要麼自我傷害。

木中陽氣占 1/3 左右，做人有意義，有思想，有追求，有信念，做人雖然最辛苦，但再難都有希望，都能堅持，不會自殺，因為有信念在支撐，如果沒有希望，沒有信念，要麼混日子，要麼會自殺。

為什麼會這樣，因為木氣中包含 2/3 陰氣，表面和諧溫暖，實際上人生充滿了競爭，充滿欺詐和貪婪，甚至殺戮。表面歲月靜好，其實都需要負重前行，要想成功快樂幸福，要付出比其他五行多很多的努力。

木中陽氣占 1/3 左右，陰氣占 2/3 左右，我們就知道了人的魔性大於神性，所以，在人類社會裡，陽的好東西很容易被破壞，破壞容易建設難。陰的邪魔心性比陽的神佛性多得多，人性就非常好理解了，人時常會受到誘惑，禁不住誘惑。同時也說明另外一個道理，環境很重要，近朱者赤，近墨者黑，正能量很

重要。陽少,脆弱,所以稀罕,珍貴;陰多,所以負能量多,黑暗面多,今天,國家社會始終倡導正能量是非常有道理的。

我們知道了木的陰陽排列和含氣量,也就知道了人生是一種修行,少陽要變成太陽,木要變成火,激發陽氣,抑制陰氣,激發神性,抑制魔性,這就是所謂的修行。

2. 火

(1) 火性特徵:順道而行弘大道　愈挫愈勇不停息

如果把木比喻為人的話,那麼火就是一個殉道夫,一生不停息。「士不可以不弘毅,任重而道遠,仁以為己任,死而後已。」這就是火一生為了大道的弘揚而傾其一生的真實寫照。

火為什麼具有這種特性呢,這與火的陰陽

含量有直接關係。

火為夏天太陽，陽外陰內，陽氣 2/3 左右，陰氣 1/3 左右，陽氣足。火就是太極中的白魚陽魚，陰就是黑魚眼睛。火與木都是外陽內陰，但陰陽含氣量不同，火的陽氣足，火是真陽，陽控陰，木是假陽，陰控陽。

(2) 引領教育感化先　治療修理安保遲

火是太陽，也稱老陽，陽氣足，陽氣成熟，人得道了，有了堅定的信念信仰，已經成才能夠為社會服務了。

火為尊，為上，為大，為領導，管理者，名人大師，教育者，治療者，修理者，技術人，為掌握規律的得道者，如科研人員，可以打造陰。

木是有理想有追求的小孩子，但特別脆弱，很容易受到傷害，到火以後，陽氣足能夠控制陰，打造陰，修理陰，治療陰，管理陰，因此，火得用，叫正

義,政府,主流,名人大師,政府官員,老師,醫生,科研,搞修理的人。

陰是沒有成才的小孩子,因此,火叫老師,陰為學生,火叫醫生,陰為病人,火是修理者,陰為有毛病的物體,總體上水陰破壞,火陽去修復,去治理,去恢復。

3. 金

(1) 金的特性：向陽甘當忠誠衛士,向陰秉持破壞本性

金一生一般都比較辛苦,成為水火兩大帝王星爭奪的對象,如果被火選中,金就成為國家利器,公檢法司軍警,如果被水利用,則從事金融生意,如果組合不好,那麼金陰的本性就會表露,破壞攻擊他人,混入偷搶盜竊等混混之流。這也是由金的陰陽特性決定的。

金為秋天少陰,夏天太陽物極必反,陰長陽消,陰外陽內,陽氣 2/3 左右,陰氣 1/3 左

右，陰少陽多，陰氣出頭，但陰氣少，還不成熟。

　　陰代表辛苦，陰有個特點，一定會搞破壞，干壞事；陽代表漂亮，文明，規劃，有秩序，因此，陰一定要有陽來制化，金要見火，水要見土。少陰見陽叫創新，叫改革，叫建設，叫推翻重建。金得用具有開創性，金有火打造成才的，是搞改革的人，市場推廣，衝鋒陷陣，開發市場的人。

(2)　無情有義大丈夫　陰旺無制小痞夫

　　　火為公，金為器，火克金叫公器，為公檢司法、軍隊安保等。金旺能被陽控制，又見木火土，搞拆遷，房地產開發，把荒地建設成新樓盤。因此，金旺克木，又是陽金的，很多都是房地產老闆。

　　　金的「義」指的是公正，公平，正義，忠誠，金陰在外，表面冷漠無情，內心是熱情似火，這就是法律，這就是規矩，為了更安全，

更健康，更文明，因此，金叫公器，是政府的工具，為政府服務，當然這要陽金，把金中的陽氣都引發出來，如果沒有引發陽氣叫陰金，就是要搞破壞，不干壞事心裡難受，就是想打人，損人，罵人，坑蒙拐騙，為了利益不擇手段。這與金的陰陽排列含量有關。

金的陽氣 2/3 左右，陰氣 1/3 左右，是假陰真陽，金為法律，為部隊，為商業，為規範，為社會秩序，商業就是文明的象徵，真正的文明要以富裕為前提，沒有富裕就沒有真正的文明，除非用宗教洗腦，但洗腦是要在封閉的環境下，開放要在文明的前提下，如果沒有富裕，開放是危險的，會有殺戮，會引發戰爭，何來文明。

4. 水

(1) 水的特性：心術謀略必有用　駕馭權勢任我行

水火都是兩大帝王星，都想當老大，火靠弘揚道而實現夢想，水靠借勢而達到目的，懂得講求謀略與心術，有控制駕馭物質資源的能力，也善於駕馭權勢，利用造勢達到目標。這與水的陰陽含量有很大關係。

水為冬天太陰，陰氣 2/3 左右，陽氣 1/3 左右，外陰內陽，陰氣旺，陰成熟穩定了。水陰就是太極中的黑魚陰魚，陽就是白眼睛，其實所有的人都可以立地成佛，陽就是人的天性，天性就是佛性，無非先天有些人的惡多一些，有些人的惡少一些，有些人以陽為主，有些人以陰為主。水陰沒有制化，在社會上做了很多邪惡的事情，但畢竟還有善，放到合適的環境中打造，只要放下屠刀也能立地成佛。

(2) 隱忍負重求長遠　天下之人我都傾

水如果被打造之後，就是智慧之水，象老子所說的，上善若水，利萬物而帶來財富。如

果沒有打造過的水,或者傷害了陽,那麼傷病災都出來了。

　　水很想成就事業,因為處於社會最底層,所以,任何的困苦都可以暫時的隱忍,為了自己的目標的實現。金木火土,四種五行沒有不被水陰利用的,最想見的是土,尤其是戊土,可以成大事。對己土可以利用。對火如果有土金的參與,就會名利雙收,富貴皆有,如果沒有土金的參與護衛,水對火就要羨慕嫉妒恨了,利用陰木克土,然後滅之而後快。對木是既利用,又忌恨。往往前期用木作自己的打手,後期犯事情後,讓木當替罪羊。如果想成就事業角度來說,木往往讓事情一敗塗地,水是不喜歡的。金是水比較喜歡的,成年人,又經過夏天的歷練,見過世面。金水先天一家,人生觀一致,共同追求金錢的富裕,打拼市場。在所有的五行當中,水是最能隱忍的一位。

5. 土

(1) 土的特性：仁厚之德載萬物　無私彰顯包容心

土是最具有承載力的五行，不管本性好壞的人，質量優劣的物品，奇形怪狀的樹木，還是犯過錯誤的生靈，土都會容納。所以，古人用土性來比喻人最好的優點之一，《易經》中有句話彰顯出土這種本性，「地勢坤，君子以厚德載物」。

土為什麼能這樣包容，因為土能包容，始終持一而沒有分別心。載陰是陰，載陽是陽。

土為地球，代表平臺，土本身沒有陰陽，通過承載春夏秋冬的陰陽氣才得到陰陽，戊土得到陽氣，太陽光照射以後，陽氣很足，戊土當陽看，當火看，因此，古人在分宮位的時候叫火土同宮。戊土代表火的助手，秘書，與火最親近。

(2) 火土同宮福報大　平臺護陽利生民

火土同宮，這也許是上天對土的格外恩賜，讓火這個殉道夫能夠天生有一個平臺好為大眾服務，在地球上引領眾生去追求光明的未來，同時，給火本身配備了一個保護神，讓火好安心地去做事。

火土又是陽的載體，其福報自然不小，如果不受到破壞，也不做壞事，無論從外形還是內氣，都有好基因呈現，這與土的陰陽含量與排列組合分不開。

戊土陰陽排列和含氣量，也是陽外陰內，戊土當丙火去看，如有些八字沒有火，但是戊土旺的，形體相貌和火差不多，皮膚紅裡透白，皮膚好，透亮。

己土陰陽排列和含氣量與癸水對應，外陰內陽，陰氣不到 2/3，陽氣大於 1/3，一半陰一半陽，己土為什麼能泄火？所謂泄火就是克火，只有水才能克火，己土的外面都是陰，裡

面才有點陽氣，己土當癸水看。

日干己土，八字又金水旺，生活能力強，生活化，世俗化，重名利，精明強干，精打細算，己土與癸水一樣，癸水代表收藏，陰旺時，只想進不想出，很小氣；陽旺時，己土是個管家，會過日子，事無巨細，人際交往能力強，請客送禮，搞公關最好。陰旺時，己土就是皮條客，為了名利，婚姻、身體、配偶都可以當作交換名利的工具。

三、古人對五行性的一些總結

古人所留比較完整的命理書都講五行，因為陰陽是天道的兩個能量團，理解起來太抽象，要以五行為具體的表述者，講五行其實就是在講陰陽。

（一）五行分陰陽：陽為木火，陰為金水

劃分依據：以陰陽的排列劃分陰陽

陽：陰陽排列是外陽內陰，陽長陰消，陽氣出頭，向上長為陽，以陰陽的含氣量劃分少陽和太陽，木為少陽，火為太陽，木為春天陽氣出頭，火為夏天陽氣足，成熟穩定了。

陰：陰陽排列是外陰內陽，陰長陽消，陰氣出頭，向上長為陰，以陰陽的含氣量劃分少陰和太陰，金為少陰，水為太陰，金為秋天陰氣出頭，水為冬天陰氣足，成熟穩定了。

土為地球，代表平臺，本身沒有陰陽，承載了陰氣為陰的平臺，承載了陽氣為陽的平臺。

（二）五行性：仁義禮智信。

五行性也叫五行心，最本質的東西。

1. 木主仁

仁為善良，人的天性是善良的，本性是邪惡的。

2. 金主義

　　大家對「義」的理解大多是錯誤的，認為義是義氣，感情、情誼。其實，金最排斥感情，金最不講人情，人情味是木，金是克木的，金的「義」指的是公正，公平，正義，忠誠，能夠大義滅親的就是金和火，因此，金叫公器，國家的工具，公檢司法院、軍隊，代表公正，公平，正義，忠誠。一個政府首先最信任的就是軍隊，就是司法，這樣才能擁有權力、才能掌控一切。政府就是火，是為民眾服務的，代表正義，代表道，代表尊，金是政府的工具，為政府服務的，國家機器，忠誠於國家，因此，後天太極中，火金是一家。

　　火克金，代表管理、科研，科研也是國家的核心力量之一；代表醫生，代表修理，代表商業，特別是酉金見火，公平交易，金旺火旺的人，做生意講公平，最不公平的是陰金，金旺見水，坑蒙拐騙都出來了。

3. 火主禮

火為太陽，陽成熟了，天道用陽代表，接近于天道規律了，掌握了自然規律和萬事萬物發展的規律與法則，有了信念信仰，敬天畏地，講禮守節，就像學習，越學越明理而越謙虛低調，越謙虛低調當然得到的也越多，此人算真正的入道了。學陰陽，結果分兩路，陰陽兩路，要麼得道，要麼入魔。有些人走到第二步，認識了陰陽，掌握了一定技術，有了一定名氣，就以為很厲害了，目空一切，狂妄自大，走偏了，不是陽濁走火入魔，就是陰濁坑蒙拐騙。

4. 水主智

水主智，不是智慧，而是智力，耳聰目明，頭腦靈活，心靈手巧，反應靈敏。因此，八字水得用，水旺有制化，水弱有護衛，此人就能靈活變通，隨機應變，反應能力強。如果

水旺無制化，則走向反面。

八字陽氣旺，能陰陽平衡，成了太極，但是水沒出現，或者水弱，此人則大智若愚，人有大智慧，但看上去反應遲鈍，學東西慢，事實上陽旺之人能深入下去，認真專注，陰代表雜與散，雜而不精，真正的智慧是專注，人的精力是有限的，專注一件事，傾注所有的熱愛，很容易成功。

5. 土主信

土本義指土地、大地、地球，引申為人生活的地方、活動的空間、人生的平臺、舞臺。平臺就要講誠信和包容，土是地球，金木水火都要承載，土是單位，是平臺，什麼樣的人都能包容，土就是家庭，什麼性格、什麼行為習慣都得包容。

(三) 春生、夏長、秋收、冬藏。

木——春生，春天少陽的生髮之氣，陽氣冒頭，

向上生髮。

火——夏長，夏天陽氣足，能夠快速成長成熟，並且釋放能量。春天是身體的成長，夏長是身體的成熟與內在的成長，長智慧，思維最活躍的時候，夏天是生命最熱烈、最旺盛、最美麗的季節，夏天的男女看上去都是最漂亮的。

金——秋收，秋天少陰，收穫的季節，陰氣出頭。如果是陰金，不見火，不見土克水，代表收，喜歡占小便宜，小氣，偷盜，小偷小摸；陽金主義，公平，公正，正義，忠誠，如果火旺一點，代表慈善家，愛做公益事業，因此，金具有兩面性。

水——冬藏，冬天老陰的收藏之氣，藏比收更小氣，神秘，陰暗，私藏，隱蔽，代表黑社會，特別是癸水，代表神秘，癸水見甲乙木，特別是癸乙，神秘文化，神秘技術，或者祖傳的東西，祖傳秘方，祖傳手藝，不讓別人知道。

(四)春木溫、夏火熱、秋金涼、冬水寒。

春木溫：少陽，陽氣少就是溫暖。

夏火熱：太陽，陽氣足就是熱烈。

秋金涼：少陰，陰氣少就是涼爽，如八字金旺，缺少火木陽的，看上去嚴肅冷冰冰的。

冬水寒：太陰，陰氣足就是寒，如八字水旺，缺少制化，看上去不是冷冰冰，而是不近人情，陰森森，包括身體都是體寒。

四、五行心性與五行象義

陰陽是五行的靈魂，破譯五行心性與五行象義的依據還是陰陽，陰陽在每個五行中的排列和含氣量不同，其心性象義各異。

五行還屬地道，沒有成形，不是具體的人事物，還是性質，性情本質，性可以當心去看。

懂得了五行的心性象義對於我們取象有重要意義，下面我們主要從陰陽本身來看看其具體含義：

（一）木

外陽上進靠陽引　內陰糾結修行人

1. 木性：人性，包括天性和本性

木是少陽，陽長陰消，陽外陰內，陽氣占 1/3 左右，陰氣占 2/3 左右，陽少陰多，陽氣冒頭，向上生髮。

(1) 天性：陽性。

善良：木主仁，代表真善美，溫暖與愛，思想與依靠，木懂得愛別人，也容易得到別人的愛。

向上：陽氣出頭，人往高處走，充滿理想與追求，充滿好奇心，積極向上，書性佛性道性，自我成長，孜孜以求。

自尊自愛：自尊心強，精神快樂，內快樂，忽視物質快樂，如果八字木旺，金弱，或者傷了金，金為現實物質快樂，缺少現實的快樂，但人活著總要為了點什麼，總要有點活著

的意義和快樂，如果現實生活中找不到的話，就去尋找精神的寄託，追求宗教信仰，文化藝術，修佛修道，很容易成為一個逃避現實的人。

(2) 本性：秉性，陰性。

　　自我自私：任性，孤獨。

　　敏感脆弱：自尊心強，萬事想靠自己，但陽氣不足，能力不夠，理想與現實差距大，就很敏感脆弱，受到打擊容易把自己封閉起來，封閉是脆弱的一種表現，與社會脫節，往往變得內向，思想消極，敏感自卑，優柔寡斷，多思多慮，患得患失，特別是金受傷了，容易得抑鬱症。

　　經不住誘惑：陽少陰多，不夠堅定，經不住誘惑，或者一根筋，愛鑽牛角尖，不現實，情緒化，容易上當受騙，被利用干壞事，搞迷信、殺人放火等。

舉例說明：八字木旺，特別是甲木，只要不被水

陰控制，見點水不怕，好學上進，充滿好奇心，頭腦靈活；特別是木見火土，上進自律。

如果木又見水，即便見了火土，組合不好，有木克土組合，也體現情緒化，多變化，計劃不如變化快，理想很豐滿，現實很骨感，經受不住誘惑，放棄自律和堅持，隨波逐流後內心後悔，知道自我反省還能救贖，說明內心還有陽氣，只是陽氣不夠旺，或者被陰氣壓制著，陽不夠旺就不堅定，容易反覆，因此，木有個特點叫優柔寡斷。

2. 木象：先天、生、內象

萬事萬物都可以歸為金木水火土五種類象，一切具有木性的人事物就叫木象，就可以定位人事物，包括人事物的好壞和優劣，還可以繼續延伸，五行又分十干，又有十干類象。

(1) 先天：有血緣，有傳承，沒有與外界接觸之前。

先天的延伸：木代表剛出生的小孩子，沒

進入社會之前，未成年，或者成年後不接觸社會，沒有完全的融入社會，或者沒有成家立業。因此，還可以繼續延伸，木代表自然人，學生，修行者，和尚，道士。

木代表先天六親中的母親，八字年月木受傷嚴重，或者木旺為忌，木傷土，百分之七八十母親有災，特別是金旺克木的，傷六親。

木代表家庭的溫暖，八字金水旺，沒有土克水，沒有木，或者木弱木受傷，從小缺少家庭溫暖和愛，包括自己缺少愛別人的能力。

木代表思想精神、靈魂層面的東西，學習思考，學識學歷等屬內成長，還沒有去應用，沒有用出去的都屬先天的範疇，因此，基礎學歷看木。

木代表房子，一般房地產都涉及到土金木，木叫基礎福報，具有基本的生存條件，就是衣食無憂，要有房子住，有家有愛。

木代表恢復能力，木還不算免疫功能，木旺的人身體的恢復能力強。木的人身體敏感度強，外界環境變化都能感知到，容易傷風感冒，腸胃功能敏感。木的敏感是一種自我保護機制，除非水旺進入木，水木克土，叫癌症腫瘤，就是反應麻木，長時間堆積起來的疾病。最不敏感的是金水為忌，因為身體反應遲鈍，小問題沒感覺，往往醫院檢查出來就是大問題。

(2) 成長：所有具有自我生長特性的人事物。

成長的延伸：木為內成長，木的人一輩子都在學習成長，自我反省，自我要求高，但陽氣不足，實力不夠，往往都做不到，除非木旺見火，或者土克水，高標準，嚴要求都能做到。

木代表想法和思想，還不夠成熟，容易變化，火代表信念信仰，穩定不變，木見陽，知

不足而學習成長,目標明確,能夠堅持做一件事,甚至十年寒窗。木見金,打造後快速成長。

(3) 內象:內部的,家庭的,傳統的,精神的。

內象的延伸:木為內向,八字金水己土陰弱,木旺,特別是乙木,十有八九是內向的人,當然,內向如果組合好是優點,適合搞文化研究,因此,木叫書生,叫讀書人,一輩子專注的做一件事,比如文化的、精神的、信念的、信仰的、宗教的、手藝的事。學習的初級階段要封閉式的,讀萬卷書,當完成了內成長以後,就要去外面實踐,去行萬里路。

木關注的焦點在內部,關注自己,因此,木為多思多慮,內心想法多,但是難以實現,容易自苦,糾結痛苦、焦灼擰巴,大多數人會有心理障礙。

(二) 火

無緣大慈行大道　同體大悲打造陰

借用佛家語言來說明火的本性，沒有血緣關係，無緣無故而對你幫助，為無緣大慈。看到天下的生靈受苦就感同身受，為大悲。火就具有這種特性。

為什麼會這樣，因為火通天道，陽性彰顯，和諧溫暖和愛。同時，火懂得萬事萬物的發展規律，成熟而穩健，具有責任感，使命感，看到問題就想解決，希望有個公正陽光溫暖的環境，有個公平溫馨和諧的社會氛圍，於是見陰就想打造陰成為其終生的志願，這與火的思想行為的成熟有很大關係。

火為夏天老陽，陽外陰內，2/3 陽 1/3 陰，陽氣足，能夠快速成長成熟，火是生長和綻放之氣。

1. 火性：道性

木是人性，木見火，脫胎成陽。少陽成陽，木火通明，人性得到了昇華，文化藝術成名。火是太陽，在所有五行中，陽氣最足，並

且陽都透出來了，陽就是道，就是不變的規律和法則，代表智慧和光明，這就接近了天道，火性也叫佛性，道性，悟性，就是通透和明白，掌握了規律和法則以後，就能夠透過現象認識本質。

木是善良，火是慈悲，善良是心地純潔，有同情惻隱之心，沒有惡意，屬感性的範疇，沒有智慧指引的善良，容易上當受騙，或者被人利用，所以我們的善良需要一點鋒芒；慈悲已經昇華到了智慧的層面，屬理性的範疇，是沒有分別心的治癒和救贖，有格局，有境界，有高度。

火叫醫，解救和救贖，給人健康和生命，叫治療，叫禮法，叫教育，叫傳播。痛苦，疾病，災難都是陰，陰需要陽去打造，陰有制化以後陰陽和合，成為健康的，有價值的人事物。

火叫使命感，無私奉獻，犧牲等，對應官

員，領導者，名人，大師，八字火旺沒有濁，就有使命感，如果還能陰陽平衡的，一定會去做服務民眾的事情。

火叫自律，八字火旺沒有濁，懂節制，有戒律，節食，節欲，節色，自我控制能力強。火克金，吃素，清規戒律，是修行得道是高僧。

火陽代表道，與陰金水結合才叫得道，陽旺見水，突然成名，陽旺見金，佛性道性強，琴棋書畫，學過很多東西，人生閱歷豐富，社會生活能力強，有責任感和使命感，金為富，火為貴，經歷過富貴，實踐修行後真正得道了，一般有很高造詣的人都是從大戶人家出來的。

2. 火象：明象

火代表明象，明亮的象，如光電能源，文明，文化，教育，電影，政府官員，名人大

師，公眾人物。八字火旺得用，很容易成為公眾人物，容易出名。如果八字陰旺，日干是丙丁火，就是假火真陰，暗象，就是假官員領導，就是搞坑蒙拐騙的名人大師。

火代表眼睛和心臟，代表血液功能，八字丁火見癸水，或者丁火見己土，或者火旺見子午沖，又見己土，一輩子有好幾次血光之災；八字火旺陽濁了，傷水，或者癸水太弱了，或者出現己土，視力容易受損，成為盲人；丙火代表視力，丙火弱，甲木中丙火，或者甲木見壬癸水，或者丙火弱見己土，十有八九是近視眼，嚴重的叫弱視，丁火弱見己土，見壬癸水，就是弱視盲人。眼睛有問題要看兩方面，要麼是陽濁，要麼是火弱，不光明瞭，就是盲人。

火代表道，信念信仰，火最講原則，火旺的人嫉惡如仇，性格硬氣。火弱就不講原則了，沒有信念信仰，包括家裡亂七八糟。八字

甲丙丁，木火明顯旺，或者火克金，多數人有潔癖，喜歡乾淨，收拾整理。陽過才有潔癖，陽能平衡，為得道之人，什麼都能包容和接納，喜歡明亮有序，乾乾淨淨，公平公正，但也能忍受髒亂差。

火代表尊，上者，管理別人，領導別人，治療疾病，解決問題的人，因此，火為管理者，領導者，創造者。火克金為科研，火克金過頭叫修理。火克金，土克水，叫醫生。戊土克水帶火，水旺，也代表公檢司法院，解決社會問題，實現公平公正的人。

戊土當火看，戊土和丙火可以劃等號，戊土是典型的老師，醫生象。

(三) 金

衣豐食足享當下　快樂無憂明白人

1. 金性：物性

金是少陰，是後天，代表人經過了學習修

行，要進入社會體現價值了。人進入社會以後要掙錢，有自己的事業，要脫離父母組建家庭，成立自己的家庭了。進入社會以後，追求就是物質名利，所以金第一特性就是物性，以物質為基礎。

由此延伸，物質名利是需要競爭得到的，需要生產加工，開拓創新，人際交往。所以金也代表競爭、市場的開拓、和外界的溝通能力、變革、變動、商業。

金還有一個特性：代表人生的快樂。人的快樂首先來自於物質的滿足，金就是物質，代表現實，人活得現實些，活在當下，豐衣足食，快樂享受的。金就代表現實的快樂，最簡單的快樂，吃喝的快樂，肉體的快樂。而木不一樣，木追求的是精神上的快樂，這種快樂是一種孤獨的快樂，不需要朋友，不需要物質的豐富，依然快樂，但是這樣的快樂是不接地氣的，甚至無法正常生活的。

真正的快樂一定是物質與精神的結合，人道是以物質為基礎的，脫離不了金，人不能脫離現實，如果火旺傷金的八字，很多都無法在現實中得到快樂，那就有抑鬱症。在八字中金旺見火，救了木，這樣的八字組合，既得到了金又得到了木，還得到了火，這樣的人是真正內外都快樂的。

　　金也代表外界，代表動，木代表內在，代表安靜，金旺會抑制木氣，金旺的人喜歡在外面的，忙於外在的事物，忙於吃喝玩樂。八字如果金旺，沒有火克金，土克水的，這個人天天往外面跑，如果金旺有火就不怕了，火抑制了金，讓你安靜下來，獨立思考，呆在家裡。

　　人要接觸外界做事情，人在社會上摸爬滾打的多了，會變得很現實很理智，所以金也代表現實理智，這種理智要經過社會的打磨，體現在八字中金旺要見火。火和金是真正的法律，如果只有金，講社會規矩，社會規矩是弱肉強食，和真正的正義不一樣的，真正的正義一定是火克金。而木火旺而金弱的人，缺

乏理智比較衝動，木火講道理，但是這個人和社會接觸的太少了，社會是很現實的，充滿了競爭。

金還代表武力，就代表刀槍，特別在秋天，金旺不傷自己傷六親。金的殺氣太重。

2. 金象：後天、收、外象

金是後天的，先天代表的是精神，講的是人情，所以木代表溫情，人情。

金是後天的，社會的，不講溫情，講競爭，講實力，講規矩。家裡可以不講規矩，不講道理，而講感情的，但後天是很現實的，面對的都是陌生人，講的是利益，不講感情的。金要講規矩要見火。金沒有見火而見水，講的是市場的規律，沒有對錯，看利益，不講規矩。

金也代表秋天，秋天是收穫的季節，喜悅的季節，因為收穫而喜悅，所以秋天就代表收。

金還是配偶，水是子女，配偶和子女都是後天家庭的組成部分，因此金的取象叫外。後天的東西最大的特點就是變化，父母是不會變的，但是婚姻和子女都容易變化，金也代表錢財，錢財乃身外之物，也是容易變化的，今天是你的，明天就可能變成別人的，所以後天的東西，最大的特點就是易變化。一個八字如果金水旺而缺少火土的，是最善變的人，為了利益，不講誠信，甚至坑蒙拐騙。

　　金生水，水的起源是金，金代表商品，生產加工，資源，然後變成水，也就是資本。

　　金代表的東西很多，比如收入，競爭，陌生人，機器設備，技術等等。金還代表改變世界的能力，金旺得用的人，改變能力特別強，叫改革，它就是競爭，革命，殺戮，如果缺少火的，那就是一個很現實的人，喜歡往外面跑，喜歡競爭，不講人情味，比較務實。如果金旺見水，但沒有見陽的，往往變成守財奴。

金旺見水而缺少火約束的人，有可能隨時在變化。木和火叫家裡人，和自己很有情義的人，金代表很冷漠的人，講經濟利益的人，講交易的人，金和水的組合就是商人，當官也是最喜歡交易的官。

(四) 水

天下財寶皆屬我　不辭謀略掌控人

1. 水性：魔性

　　水是金的昇華，金的陰氣往上長，就成了水。金和水是一家，特點都一樣：競爭，收。金是物性，競爭，水是魔性，代表黑暗性，死亡性。一個人物性太強的時候，木火精神性就弱了，把身體的魔鬼激活了，人類社會物質是有限的，要佔有資源通過什麼方法呢？那就只有戰爭，水就是競爭的升級，代表戰爭。

　　水代表佔有，控制，而且是用陰暗的不合法的違背道的方法和手段，那就是邪魔性。

水性還有神祕性，一般搞陰陽要見水，特別是癸水，還有丑土，丑土是住死人的地方，還有銀行保險庫，神祕的地方。水有制化叫神祕，水沒有制化叫陰暗，就是魔，壬水叫魔，癸水叫鬼。陰旺甲木見了癸水，那這個人經常容易被附體，邪魔附體，善作妖的人。水還代表謀略。

2. 水象：暗象

水代表暗，如果水要變成明，一定要見陽，見甲木，見火，戊土。水的本象代表陰暗的東西，代表強烈的對物質的控制佔有欲，代表控制，殺戮，死亡，病魔。

水也代表資源，代表資本。木旺見水，往往搞人力資源；戊土見水，是資本家。

水還代表荒野，沒有開發的地方，水旺沒有見陽，沒有被控制和駕馭，就代表那個地方就一片陰暗，或者說混亂的市場，沒有開發的

市場。

水的本相就是欲望、資源、資本，小人，黑社會，還有病，水旺沒有制化，十有八九就有病，代表著清貧，就算收入挺高，也會欠債，往往因投資而失利。因為水是個老大，喜歡掌控資源，往往喜歡投機，組合不好，那投機肯定失敗的。水木喜歡股票，金水喜歡空手套白狼，賭博。今年庚子。就是賭博相，做的生意多投機的。

金水就是物質，喜歡煙酒，金水組合喜歡喝酒，今年會有不少人放縱自己的，以煙酒來放縱自己。

(1) 土

桃花源外有樂土　樹木花草競芬芳

五行中土是最難破譯的，土本身沒有陰陽，但是陰陽的載體，我們可以從這個角度去破譯。

1) 土象：平臺、生活、保護象

　　土性：包容性

　　土是地球的本氣，是平臺，大地，本身陰陽性不明顯，但它承載金木水火，春夏秋冬。平臺的特點就是包容，什麼樣的人來登臺亮相，它就是什麼平臺，土作為平臺，本身是靜態，什麼都能承載，好的能承載，壞的也能承載。承載後自身也會變好變壞。

　　戊土承載木火，是陽的平臺，己土是金水的平臺，也具備陰之性。

　　戊土見到木火，會奮不顧身的向木火，土就代表講臺，老師，火是傳道者。火是治療陰的，所以土克水，有個明顯的醫生象，醫生有一半都是土克水的。土克水代表公平公正，所以也代表法院檢察院。土克水，水旺，和土有平衡，那就是老闆相。

　　己土是向金水的，如果一個人日干是己土，見金水比較旺的，那為了金水，為了名

利，不顧一切追隨金水的人，金水就是做生意，這個人可以為了做生意可以不顧一切，放下自己的一切，健康婚姻家庭，也可以不擇手段，做生意的時候很低調，很卑微，但一旦掙到錢了，就會小人得志，得意忘形。

己土見到金水可以在生活方面可以很省的，為了生存什麼事情都可以做的，也不講尊嚴。己土陰旺的時候，叫牆頭草，見人說人話，見鬼說鬼話，陰旺的己土往往當癸水看。如果己土陽旺，見了木火的，那己土也可以當做陽來看，當戊土來看。己土，木火旺的，那就是實用技術，學了東西馬上可以用。

土還代表穩定性，全面性。一個八字如果傷了土，那肯定會缺少穩定性。如果一個八字水旺，缺少土的，缺少穩定性、波動、顛沛流離。傷了土又傷陰傷陽的，那這個人肯定是個殘疾，身體不完整了。

土天生是克水的，水代表流動，動盪，克

水才能穩定。土是克水保護火的，保護了火，才有健康穩定，如果出現了木旺，見水了，克土很嚴重的，不僅僅是平臺不穩定，如果涉及傷陰傷陽的，要麼殘疾要麼短壽。

土首先代表身體的完整性。身體殘缺的人，要麼土受傷嚴重，要麼土干了壞事。土也代表皮膚，土為忌神的，皮膚不好，更深層一些的，免疫功能不好，水木成勢克土，把人體的免疫功能破壞了，往往是腫瘤癌症，治不好。

戊土克水護火，是陽的保護神，所以戊土也代表保護。戊土就是房子，房地產相關行業一定會涉及到土金木。

所以土不可傷，傷了土家庭單位不穩定，特別陰旺的時候，年月水木傷了戊土，父母的家庭破掉，祖輩去世，家破人亡。

土還有一個性質，即土性，就是土氣。一個八字土旺的八字，沒有見木火的，即使穿最

好的衣服，看起來也比較土氣。土旺的，有點陰，那人比較胖，土就是肉，戊土瘦一點，代表肌肉，己土裡面有水，就是肥，土旺缺少木，脖子短，脖子粗，土就代表土氣。土氣也是一種純樸的體現。

己土代表世俗氣，人間煙火味，特別是己土見了金水了，世俗氣特別重。戊土世俗氣沒有那麼重，除非戊土遇到八字中金水太旺了，那就是一心追求名利，為了名利可以放下尊嚴。

2) 土象：平臺、生活、保護象

土具備包容、穩定、忠厚這些性質，只要具備這些性質的人事物，都具備土象。

土首先代表地球、平臺，對人而言屬人生活的舞臺，首先與人最直接的就是家庭，一個八字如果金水旺，木旺缺少火來引化，又缺少金的，這個人的生活平臺就很小，體現為家裡

人口稀少，或者家裡的人都比較自我、心胸狹隘。為什麼木見水的人都很自私，甚至比較孤僻？因為平臺太小，視野太小，心太小了，只考慮自己，家庭的格局也很小，見過的市面也很小。

平臺就代表單位、事業，事業要大，一定離不開土，事業能做的最大的，就是水陰旺，有土去克，這個平臺就很大很大。

土就代表人間煙火，就是生活，就是吃喝拉撒。　一個八字中出現了火得用的，土金組合比較好的，　特別喜歡美食。如果傷害了土，那麼這個人的生活會不正常，水木旺，自私孤僻，婚姻不好，修佛修道，逃避生活，很容易走向迷信。

土是陽氣的保護神，所以土為保護。戊土在人體上，代表皮膚，代表免疫系統，皮膚的延伸就是服裝，做服裝生意的，一定和土掛鉤，土得用，做生意還有金，服裝生意主要的

標誌就是土和金。土還代表脾胃，脾胃決定營養的吸收。土的穩定性還與睡眠有關，睡眠需要安靜，如果土受傷或者太旺，十有八九要失眠。

土是人最好的保護，代表衣服、房屋、正常的生活、公序良俗。一個人能遵守公序良俗，是對人最好的保護，包括人要腳踏實地，有很好的穩定性，對人都是一種保護。

戊土是陽的平臺，可以當丙丁火看的，代表得道者，比如醫生、教師、為民做主的法官等。戊土最明顯的一個相就是搞傳承的，搞教育的，當醫生的，並且都是有傳承的人。土克水，也代表搞修理，水代表壞掉的東西。土克水的最高層次，得到天地主氣的，那就是大老闆，資本家，政治家。

戊土向火，己土向水。己土就是人間煙火裡面最瑣碎的事情，搞內務的人，搞家務的人，單位裡管理錢財的人，管理物資的人，所

以己土最適合當保管員，搞財務。己土搞財務，一定會有小金庫的，己土出自丑，丑就是小金庫，己土帶有癸水相，水代表收藏，會有小金庫。

己土和丑是相通的，和癸水為一家，就代表私人會所。一個八字如果己土得用，癸水得用，一定會有東西不想讓人知道，得用的就代表他有真東西，這個人家裡有金銀珠寶，技術絕招，祖傳的秘方，有私人會所，核心團隊，都不想讓人知道的。

歸納總結

認識五行以及五行的取相，可以從陰陽入手，木火戊土為陽，金水己土為陰。

木火戊土為陽，具備陽的共性，代表先天，內在的，不變的東西。陽為氣，陽為內在的、不動的東西；陽代表功能性的東西，代表人的精神，內成長；

代表先天六親，生下來就有的，稱之為陽。

陽還代表貴，代表管理。一個人成才了、得道了之後，可以教化別人，給人解決問題。

金水己土為陰，代表後天，後天講的不是精神，是物質，物質一定要生產創造，一定要競爭，甚至說是鬥爭，後天要講謀略技術，金代表技術，水代表謀略，金水組合，一般都有技術。

陰代表做事的人，陽代表管理，發號施令的人。一個八字中金水己土比較多的，比較勞累比較辛苦，對名利看得重。陰就代表人世間的矛盾、衝突、糾紛。一個八字金水己土多的時候，都是充滿矛盾疾病災難的，一輩子治不了，因為陽就是來治理陰的，而治理陰的陽被它干掉了。

五行還可以從先天後天的角度去理解。

先天，注重信念信仰、淡泊名利、充滿愛、無私。先天是和諧的，安靜的，對應人進入社會之前，往往是人一輩子最快樂的時候，特別是木火戊土沒有

受傷，父母對她是很關愛的，沒有什麼危險，有父母的保護。

　　後天必須自己面對問題，後天進入社會，脫離了父母，社會上的人事是陌生的，金水己土都代表陌生，不講人情的，只講規矩，而且這個規矩是只建立在利益的基礎上。後天的一切，包括戀愛，工作，掙錢都是需要競爭的。有了競爭，如果缺少道德約束，比如金缺少火，水缺少土，這個競爭一定是不公平的，特別在缺少政府監管的地方，比如一個八字中沒有陽，或者陽受傷，金水旺的，那這個人進入社會後競爭很殘酷，沒有什麼公平可言，弱肉強食。

　　金水己土講的就是後天，後天大環境，後天的規矩，後天代表的人事物，後天的任務使命。後天的的任務使命就是成家立業，建立自己的家庭，追求工作事業，就是求名利。後天面對的都是不認識的人，所以八字中金水受傷的，和外界交往能力都比較差的。口才看金，金得用特別金生水的，這個人能說會道，伶牙俐齒。而木火戊土旺的，比較內向，或者說話說

不好。

　　木火戊土代表的是真性情，說真話的人，但是後天說話不是講真假，是以利益為標準的，金水說話能察言觀色，能從人性出發，從利益的角度，無關真假。

第五章　十干與陰陽

【本節主要內容】

一、懂得五行轉化為十干，十干是五行的子女，其特點隨其五行屬性。

二、強氣干與弱氣干表現出來的特點有很大不同。

三、在論命及取象的過程中，懂得強氣干與弱氣干取象區別。

一、十干與五行

（一）五行生化十干，強氣干與弱氣干

　　十干是地道五行氣的載體，就是五行在人道的子女，根據承載的五行氣的多少，分為強氣干和弱氣干。五行氣強旺時，所生的子女為強氣干，載氣量大。五行氣衰弱時所生的子女為弱氣干，載氣量僅為強氣干的一半多點。

強氣干：甲、丙、戊、庚、壬
弱氣干：乙、丁、己、辛、癸

（二）十干與天地人的關係。身心靈，十干五行陰陽

十干是人道具體的人事物，和天地有什麼關係呢？

首先，天地人角度審視人的三部分組成，可以更好理解天地陰陽。

十干是天地生化出來的，也就是陰陽五行生化出來的，是陰陽五行氣的載體。所以人是有三方面組成的客體，包括天地人三部分，即身心靈，十干為形，代表身，指人的肉體；五行氣代表心，指人的心性、愛好、想法；陰陽氣代表靈，指人的三觀（指世界觀、價值觀、人生觀）、信念信仰、人的靈魂。

其次，天地人三個層面的劃分，有利於區分主賓層次。把十干分成天地人三個層面，有利於進一步的

深入學習，同時可以區分外形與內氣，然後才能進入實戰狀態。

預測師到最後階段，一定要成為陰陽師，拿到八字之後能夠以形觀氣，通過十干看到五行氣的運行軌跡，然後按照陰陽氣來判斷富貴貧賤，壽夭吉凶，這就是氣法的理想境界。

二、十干陰陽氣的排列及含量

（一）陽氣干——陽外陰內：甲乙丙丁戊
（二）陰氣干——陰外陽內：庚辛壬癸己

探索門為什麼要分陰陽氣干？

十干陰陽性決定了物種的先天福報與災報，區分陰陽性質可以直接斷吉凶。陽氣干是福報干，陽氣干透出，彰顯福報，陰氣干就是災報干，透出的陰氣沒有制化，就是災報。

（三）陰陽氣含量

陰陽氣含量的多少，一方面決定十干先天福報災報的大小，一方面決定十乾麵對外界的行為狀態，同時也決定其性格行為特點

下面我們來舉例說明

1. 陽氣干

甲乙木：都是少陽，陰陽氣的排列都是外陽內陰，陰陽氣的含量差距很大。

甲木的陽氣大於 1/3，陰氣小於 2/3；乙木的陽氣小於 1/3，陰氣大於 2/3，乙木的陽氣含量只有甲木的一半左右。

甲乙木陰陽氣的含量差距很大，遇到水的時候，自身抗擊打能力及處理事情的反應就不一樣。

甲乙木遇到水的時候區別會很大，甲木遇到水轉化水陰能力強，水陰不是很旺時還當陽看，而乙木遇到水容易直接成陰。乙木遇到

水，陰氣有百分之七八十，人的魔性就出來了，乙木人最容易不開竅、一根筋、附體、著魔了，甲木好一些。甲木在沒有被水陰控制的時候，挺拔的外表，頭腦特別好使，我們叫天才，乙木外形偏柔，頭腦稍微有陰氣附著就變得榆木腦瓜不開竅，這些都是因為甲乙木的陰陽氣含量不一樣。

丙丁火：都是太陽，同樣丙火與丁火的陰陽氣含量差別很大。丙火的陽氣很足，大於2/3，陰氣占了不到1/3；丁火的陽氣不到2/3，陰氣大於1/3，丁火和丙火的陽氣相差二分之一左右。

所以春天出生的最怕見丁火，沒有強根，沒有戊土護衛，不用見己土，只要見乙木，也是木多火塞，春天丁見乙木的，往往成病人，多數都有慢性病，最常見的是弱視和慢性心臟病。

秋天的丁火，見了水旺，沒有護衛，也一定會有問題的，主要看心臟和眼睛。所以古人說，丁火不離

甲木的，因為丁火的陽氣沒有真正成陽，需要有甲木輔助，甲丁成丙，如果沒有甲，有戊土也可以。丁火最怕己土，也怕壬癸水，沒有成陽，見了陰，就是病。

戊土：也是陽氣干，同樣是外陽內陰，陰陽氣的含氣量可以參照丙火。戊土是專門治水的，是水的剋星，所以戊土是丙丁火的保護神，戊土是丙火的助手，是丙火的秘書。一個八字陽不夠旺的時候，喜歡見戊，往往這樣的人身邊一定會有秘書性質的人或本身就是秘書性質的人。

2. 陰氣干：

庚辛金：都是少陰，陰在外陽在內。　庚金陰氣大於 2/3，陽氣小於 1/3；辛金的陰氣不到 1/3，陽氣要大於 2/3。

這就有了古人的斷語，庚金一定要火煉，而辛金最怕熔爐。辛金陽氣旺，見了丁火，首

先形要受傷。庚金外面的陰氣很足的，如果不見火，即使是個富翁，這個人比較粗，脾氣差，還有很多壞毛病。

少陰少陽都沒有成陰成陽，都是小孩子，小孩子做事都比較直接，要麼缺少智慧，要麼不會用謀略。木性直接，情緒化，很耿直。如果一個八字木旺，說話很耿直，愛說真話，真話往往很傷人。

金的人也很直接，雖然不體現為情緒化，但很直接的動手動腳，要麼很直接的得名利，要麼偷搶盜，金的這種直接沒有火的管束是具有破壞性的，陰金就是破壞，偷搶盜，直接打架鬥毆，或者直接罵人。木和金的性格都是比較直的，不會轉彎的人，這就是所謂的木直金剛。

金怕土多金埋，所謂土多金埋，是土克水，土克了金的陰氣。辛金陰氣弱，最怕見土，不僅怕戊土，己土也怕，庚金主要怕戊土，己土克水不多，除非在陽旺的月。

壬癸水陰陽氣的差距也是一半左右，此處省略。

己土：己土比較特殊，土是治水的，但是真正治水的是戊土，己土是陰的平臺，所以喜歡和陰在一起，因此己土叫稀泥土，治不住水。實際上己土的陰氣是透出的，如果日干是己土，沒有陽來解陰的時候表現出一系列的問題，要麼皮膚不好，長相丑陋，陰就代表丑，陰旺的己土皮膚不是比較黃就是比較黑，比較難看；要麼形體不好；特別是陰旺的時候，黃臉婆，形體胖瘦不均，雜事纏身。

3. 強氣干與弱氣干現實差距體現

　　強氣干氣足力強活力充沛

　　弱氣干氣弱力平穩定實際

(1)　甲乙木的區別：

　　　　乙木得用的是小福報，代表基礎，鄉鎮一級的，甲木相當於丁火，甲木見到火

了，單位很好，甲木往往代表政府部門，也可能當官。乙木即使是政府部門也是基礎。

甲木當做天才看，乙木當做學生看，如果沒有見火，那反應不太快。甲木是一個活潑開朗身體健康的小男孩，乙木是文靜的小女孩。木也代表房子，甲木的房子是高大上的，乙木是比較乾淨整潔，偏小偏矮，沒有這麼大沒有那麼亮。

(2) **庚辛金的區別：**

庚金的陰氣比較辛金旺了一半左右，庚金沒有陽打造，比較粗魯，臉也不好看，庚金要是見了火，比較方正剛毅，如果是陰金比較大比較方不好看。

壬癸水的區別：壬水沒有制化，就代表黑社會，動盪漂泊。癸水不一樣，癸水代表有點技術的，有謀略的，特別是有制化，做謀士，在家裡，比較低調；壬水有

制化,往往在外面跑,想做生意,搞權力,比較高調,張揚求名利的人。

(3) 戊己土的區別:

戊己土都是平臺,戊土是陽的平臺,代表是公共資源的平臺,大的平臺;己土是為私人謀名利的平臺,取象為小金庫私房錢,幾個人的小團隊。八字有己土或者己土旺的,小團隊很多,幾個人搞個團隊,不喜歡人多的團隊,或者說本來在大團隊,但是他還會拉幫結派搞個小團隊,己土就代表小的不公開的秘密的平臺。

看婚姻,戊土和己土差距很大,如果月支或日支是丑土的,家庭帶有不穩定性,很多會金屋藏嬌的,兩夫妻即使不離婚,也會家外有家。戊土就沒有這種私密性,光明正大。

第六章　福報干與災報干

【本節主要內容】

一、福報干與災報干的定義與劃分依據,及對論命的特殊意義。

二、福報干與災報干並非一成不變,要根據其陰陽含量及在命局的組合而定。

一、陰陽的定位

(一)陰陽定位後,十干可以直接取象

(二)懂得了陰陽特點,可以知道成功之道

　　十干就是具體的人事物,在論命中可以直接取象,取象的前提是懂得陰陽。

　　陰陽如何定位是取象的關鍵,陰陽出自天道,對應的是天道的正能量和負能量,所謂的清氣和濁氣,

由此來破譯十干對應人道的具體取象。

1.陽：

陽為尊、為貴、為福報。內心明理，有敬畏大道而自律，因此得福報。平常說「勞心者治人」，指的就是陽懂規律之後來領導、教化、治療、打造陰。

陽是清氣，是正能量，定位為尊為貴，代表人世間的福報，代表道，主明理。一個人明理了自然會有所敬畏，知道什麼事情能做，什麼事不能做。一定人明理後，就會有信念、信仰、有敬畏，有敬畏的人始終很自律，這樣的人一定是得福報的人。

所謂的福報是指生活中各方面所具備的基本優越條件，比如漂亮、聰明、有工作單位、有學歷、有依靠、有父母的愛、能夠得衣食、有知名度、在經濟上富裕，這些都屬福報的範疇。福報是陽來代表的，所以陰一定要有制

化，而陽一定要發用，沒有發用的話，所代表的福報為清閒。這就是陽為什麼有福報的原理。

在社會中，一個有敬畏的人、自律的人，麻煩事就不會很多。而一個缺少敬畏之心的人，挺任性的人，災禍就比較多，這是必然的。所以古人定位陽為勞心者，是治人的。

當一個人得道以後，有敬畏之心，明理之後，可以去教化、領導、打造別人。所以陽的使命就是轉化陰、打造陰。能夠打造陰轉化陰的人，那就是領導者、領袖、老師、醫生、法官等，也包括搞科研的，搞生產加工的，當老闆的。

總之陽是用來治人、治世、治物的人。因此天干只要有陽干透出了，哪怕它沒有制化陰，那也已經有福報了，叫清閒平安，如果制化陰了，就是去做事了，那就是管理者，就是領導。

2.陰：

　　為卑、為財、為災報。投機，沒有底線而破壞，從而得災報。勞力者治於人，沒有受教化打造，必然是缺少依靠而沒有保障的人。

　　陰是濁氣，代表負能量，往下走的能量，容易使人墮落，就是欲望。陰就代表名利，就是財，就代表災報。人一旦名利之心很旺的時候，又缺少了束縛，也就是沒有了自律和敬畏，那這個人一定是投機的，為了名利不遵紀守法，不遵守社會的公序良俗，甚至上升到鬥爭和殺戮。那這樣的人遲早會得災報的，因為它違背了道。因此陰得災報是有原因的，打破了人類社會的規矩和底線，是破壞者，破壞者一定會得災報的。

　　陰是勞力者，當陰沒有轉化的時候，是沒有受教化打造的人，很原始的，缺少依靠，沒有保障。

　　其原因是陰缺少打造，陰的特性就顯露出

來，沒有敬畏，很任性，做很多事出自本性。

人的本性屬陰，是惡的，如果對天地沒有了敬畏，就不會嚴格遵守國家的法律法規，不會遵守社會的公序良俗，此人往往會抱著僥倖投機的心理去做事，就會受到懲罰。

陰缺少教化和打造，沒有穩定的信念信仰，那最終的結果肯定這樣的人，沒有保障，缺少安全感，福報被損害，受到社會或國家的懲罰。

比如陰的代表是水，一個八字水旺缺少制化，這個人是絕對沒有安全感的。一個沒有安全感的人，即使有保障，也不會珍惜，因為他的潛意識裡充滿了恐懼，那這個人就很貪，他會覺得現在擁有的遲早會失去，在失去之前得想盡辦法多撈一把。

例如當官人，八字陰旺有點制化，制化的又不是很好，這樣的人得勢之後，叫小人得志，一定要撈一把的，因為內心還沒有制化過來，就會想，我以後沒錢失去地位怎麼辦，內心就自卑恐懼，沒有安全感，

進而想方設法去獲取資源。

水陰旺一旦得勢就會這樣，或者水陰制化不好的，有一種很小氣，或者太節儉了，什麼破爛都捨不得丟掉，一個沒有安全的人，充滿恐懼的人，一旦得勢力，做事情沒有底線，這就是陰。

所以，我們要對陰陽最本質的東西要有認識，陰陽是能量，涉及到一個人的靈魂，涉及到一個人的信念信仰。因此人的潛意識是天生的，有些性情生下來就有，不用教的，因此生命是帶有傳承性的，人生而不同，人生下來，每個人的心，每的人的靈，都是不一樣的，有同樣的教育，也是不一樣的性情行為。

二、十干陰陽劃分

（一）陽：甲乙丙丁戊

  1.陽天干特性：先天，神性，和諧，福報。

    外面這一層都是陽氣，我們稱之為陽干。

    陰陽干可以直接論命取相，陽氣干透出一定有

福報，陽干受傷了一定有災，陽干只要不受傷，就有福報，如果沒有制化陰，福報體現為清閒；如果陽發用去制陰的時候，一定有相對應的社會名利。

甲乙丙丁戊，代表先天的東西，代表人的天性，甲乙木代表善良，甲乙木叫上進，丙丁火叫慈悲、佛性，每個人都有佛心，都有慈悲心。戊當作和丙丁一樣的狀態，不僅慈悲，還是平臺，能傳播慈悲的平臺，所以戊叫講臺，講課的地方，戊通地支戌，叫學校，寺廟。

陽是先天的，人的天性，就是神性，就是真善美。天性講大道自然，講的是和諧，講的是福報，真正的天道很和諧，相互關愛與奉獻。

譬如一個八字，陽天干比較多，且天干沒有干壞事，那麼這個人雖然不一定大富大貴，但這個人一般情況下很平順，生活很輕鬆，家庭裡面充滿愛。

陽代表的是先天，先天是充滿神性的地方，天道的東西，天道首先是和諧，講的是順其自然，順其自然和諧了就是一個人的福報，甲乙丙丁戊，這個人是順其自然，淡泊名利，組合好一定是很有才華的人，並且很有智慧，叫木火通明，這個人很有智慧，但是對名利不感興趣。

(二) 陰：庚辛壬癸己

2. **陰天干特性：後天，魔性，爭鬥，災報。**

陰的天干對應的是庚辛壬癸己。後天不屬天道，屬人道，人道干支是具體的人事物，人是有形的東西，比較麻煩，有形就有了肉體，必須要依靠食物才能生存下去。

一個人活著需要很多資源，而資源是有限的，所以人類社會的最大特點就是競爭，一旦有了競爭，就會激發人的魔性，這種魔性出來了，隨著競爭發展，慢慢就衝突、鬥爭，進而戰爭殺戮，為了名利什麼都做得出來。因此，

後天金水己土代表後天陌生人，代表後天名與利，代表競爭與鬥爭。

金主開拓創新，叫改革，金在八字中代表的就是後天競爭，一個八字木火旺，金弱的，這個人就淡泊名利，不愛競爭，多數是吃素的，不想競爭，缺少鬥志。

金水都是後天的特性，但與水的陰旺的程度不同。水的魔性更厲害了，代表邪魔、病毒，是真正的災報，代表死亡、災難。

金的競爭還有點光明正大的性質，壬癸水的競爭就是殺人不見血了，代表謀略，所以水代表黑社會，代表控制和佔有，代表陰謀和詭計。水旺的人欲望是最強的，魔性都出來了。真正生意做的很大的，多是水陰旺而有制，成了太極或者命局有了格局。

駕馭了大量資源的人，自然是很大的老闆。如果冬天八字有土，土力量不夠，或者土被木克了，這個人就體現出欲望很強，一心求財，那就不擇手段，傷

了土傷了火，魔性很強，邪氣很重，不擇手段，所以水就代表災報。

一個人處於殘酷的社會競爭中，又欲望深重，還缺少制化，沒有底線，災禍就會層出不窮。而木火戊土，一片祥和，清心寡欲，不想競爭，至少這個人很平安，人事關係很平安，充滿愛。

三、十干與福報、災報大小定位及取象

陽氣干有五個字，所代表的福報大小不一樣。少陽木就是小福報，火是大福報，土介於少陽和老陽中間。

少陽木是小福報，首先代表身體的健康，甲乙木得用的人，身體很好，體育運動能力很強，身體好的人往往筋骨很好。體育運動很好，十有八九是木旺得用。甲乙木代表健康漂亮，甲木代表天才，聰明，乙木代表專心，乙木見火成甲，甲就是最聰明的人。

甲乙木看學歷，至少有中等以上學歷，丙火和戊

土學歷更高。甲乙木已經是有學歷，有依靠，有父母的愛，家裡充滿愛，甲乙木本身就很講感情的。

甲乙木還好學上進，一輩子上進學習，那是比較大的福報。木代表內成長，一個人始終在學習，人性不會迷失，這是一種福報。

甲乙木得用的人，肯定有衣食不用愁，甲乙木代表單位，或者有個手藝。小福報就是：健康，關愛，學歷，手藝，單位，善良，上進，衣食，依靠等。

丙丁火福報就大了，叫名人大師，政府官員，陽氣足，所以福報大。

戊土也一樣的，戊土克水的時候是大老闆，或者很有權力的人。陽為福報，根據陽的多少定位福報的大小，去定位具體的人事物。

陰就是災報，最大的災報水陰無制傷陽，陰旺木克土，水克火，沒有依靠，沒有完整的家庭，嚴重的不是短壽就是貧寒。

金也是一樣，金旺沒有制化，不傷自己傷六親，如果金有制，或者秋天金見水了，那首先代表富裕，

沒有制化的時候都是災報。

己土沒有制化，或者丑土沒有制化，那這個人容易得腫瘤結石。如果八字陰旺，己土沒有制化的，就代表腫瘤結石，也代表婦科疾病，子宮肌瘤，嚴重一點就是癌症，己土本身就是病，既克水又瀉火，所以代表很難搞定的慢性病。

第七章　形干與氣干

【本節主要內容】

一、懂得形干與氣干區分的意義，形干與氣干可以對人事物進行準確定位。

二、掌握氣干與形干取象的本質區別。

三、形干與氣干的具體運用。

　　十干除了福報干與災氣干的劃分以外，還有形干與氣干之分，這種劃分相當重要。今天我們就來學習形干與氣干。

一、形干與氣干在定位與取象上有什麼特點呢？

　　顯而易見，特別在取象的時候，形干與氣干可以對人事物進行非常準確的定位。

具體來說，形干是五行氣的弱氣所生，五行氣的含量比較少，於是，在行為上就非常突出的體現「形的特徵」。比如木氣所生的乙木，形干的特點非常明顯，換句話說，乙木完全成型了，形的特點體現明顯，而氣的特點就體現不明顯。這裡所說的氣的特點是指一個人的思想，或者精神，或者氣質。

氣干指木氣所生的甲木，人事物的氣的特徵比較明顯，體現出不太穩定的變化狀態，或者說是沒有完全固定下來。甲木體現出才氣、精神化、情緒化等特徵，甲木的性格、行為、脾氣、體型始終處於變化當中。

一句話，甲木之人比乙木之人在性格、行為、脾氣、體型等方面大都善於變化。比如體型，先天甲木比乙木好，但歲月流逝就會變化，到了中晚年，甲木體型會變肥！相貌也是如此，甲木天生麗質，如果遇到了壬癸水或者己土，甲木就變得肥胖，性格也從年輕時的清新脫俗變成現在的世俗現實。

庚辛金的區別也是如此，比如日干是庚金，或者

庚金旺的，命局中庚金如果遇到火了，一生中往往要動好幾次手術，特別是見到丁火，這種手術越動越好。從十干的特性來說，金很現實，遇到火打造，就愛美了，一方面有了經濟基礎，一方面追求美麗，庚金粗糙，骨骼方正粗大不好看，化妝打扮解決不了問題，就整容。庚金見火一般要整容好多次，效果會變漂亮。辛金是形干，喜歡化妝打扮，成型了，見到丁火那一年，辛金整容了，這種情況下很容易毀容，副作用大，因為成型的東西不容易變化。

其他形氣干也有這些特徵的區別，下面我們就來系統的講一下。

二、十干分形干與氣干

（一）氣干與形干的劃分

    1. 氣干：甲、丙、戊、庚、壬。

    2. 形干：乙、丁、己、辛、癸。

天干有十個，我們可以根據陰陽來分成福報干與災氣干，也可以根據五行氣含量的多少分為形干與氣干。可以把氣干當作陽去看的，也可以把形干當作陰去看的，根據五行氣的含量多少來劃分歸類比較合理。

氣干得的五行氣多，陰陽氣也就多。比如甲木為旺少陽，得的木氣就比乙木足；丙火為太陽，比丁火陽氣多出一半左右；根據得氣的情況，我們把十干分成形干與氣干。甲、丙、戊、庚、壬得的氣多，歸成氣干。

(二) 探索門形干與氣干的劃分依據

這裡說明一點，社會上把甲、丙、戊、庚、壬叫做「**陽干**」，這個歸類意義不大。如果涉及陰陽，就得嚴謹一些。因為如果把甲、丙、戊、庚、壬這五個叫「**陽干**」，就與根據「陰陽氣」劃分的「陽氣干」相混淆了，其實，它們的含義完全是兩碼事。陰陽氣劃分出

的是福報干與災氣干,福報干是甲乙丙丁戊,這個所謂的「**陽干**」就是得的五行氣相對多而已,真正承載的陰陽氣含量不一定多。

總結一下,甲、丙、戊、庚、壬這五個天干具有共同特點,承載的五行氣多而足,容易變化,我們叫氣干;乙、丁、己、辛、癸這五個天干承載的五行氣相對少而弱,已經成型,不易變化,我們叫形干。

我們這樣劃分的意義何在?其目的在於對十干特點進行定位,很好把握其特性。因為一個一個去掌握十干的特性不容易,歸類之後便於把握共性,可以對十干特點進行準確定位。接下來我們就來具體說說形干與氣干的特點。

三、形干與氣干的特點

(一) 形干特點

1. 觀念穩定，不易變化

要把握形干特點，先要從根源上理解。形干是五行弱氣所生，毫無疑問形干承載的五行氣相對較少。氣少就很少變化，人事物已經成型。

我們知道，一個人如果思想活躍，行為習慣變化就大，如果思想不活躍，扎扎實實去做一件事，變化就不會很大。即使外界變化了，形干也不會去呼應，受到的影響也不大。

因此，形干的一個特點，就是想法比較少，變化不大，塵埃落定，行為習慣上表現的特徵就是穩定、踏實、現實、務實。這是形干第一大特點。

如果一個人命局形干較多，這個人就很務實，穩定踏實，不大變化，很實際。他認為事

情已經塵埃落定，不會改變，他也不想去改變。這是他的最大特點之一「不變」。

2. 思想務實，行為專一

在不變的基礎上，我們可以推出許多東西。形干多的人認為事情不會變化，想法少，就專心去做事，行為單一。這樣以來，他就比較務實，喜歡去接觸實實在在的東西。

比如辛金喜歡錢，喜歡看到實實在在的錢，實實在在的物質，不象庚金鬥志高昂，理想遠大，去開拓市場，波動就比較大。辛金就不講那麼多，就要實實在在的東西，辛金代表技術，會純粹的經商。

比如乙木，如果說甲木代表文化，那麼乙木就代表手藝，專心學習一門手藝。例如去學習書法、繪畫、寫作等一門手藝。拿預測術來說，乙木就專門學習一門預測術，雖知識面窄但專業。甲木叫預測文化，會涉獵多種術數，

懂得的東西也多，或者知識面廣，但易雜而不精，多學少成。

形干的第二大共同特點，務實專一。既然塵埃落定，想法不多，不胡思亂想，就比較實際，務實，低調，謹慎。於是形干都有某一方面用來謀生的專業技術或者手藝，憑此謀生。乙木有手藝，辛金主技術，丁火多為專家學者。丙火叫名人大師，丙火要出名當官，經常 頭露面。丁火一門心思搞學問，作專家教授，適合當老師。

己土也一樣，專注自己的小家庭，或者小團隊，或者專注於自己的小圈子。戊土氣干，家裡人來來往往的朋友比較廣。這樣以來，己土就純粹地專注於世俗生活，吃喝拉撒。人生是很現實的，需要錢作經濟基礎，然後才能談到生活質量與有精神有靈魂的生活，己土就特別注重物質利益。陽旺的好一些，特別是陰旺的時候，以前家庭貧窮，己土就過於注重物

質，那就會帶有一些自私性，要很世俗化的生活，去過實實在在的生活，注重名利和物質，油鹽醬醋，吃喝拉撒。

戊土還比較精神化，己土要先解決溫飽再說吧，因此，己土叫實用主義者。比如學習預測術，己土學了馬上就要用，用來掙錢。比如說己土為了得名利，就很會搞人際關係，特別實際，如果陽不旺就特別世俗了。己土還特別注重實用技術，沒有一點真本事內心不踏實。

3. 謙虛低調，主內守成

形干的第三大特點是謙虛低調，不張狂。成型的東西很低調，氣干就比較狂，戊土就比較張揚，特別是傷了金水陽濁的時候，戊土就特別狂，要麼是形與外的狂，要麼是藏於內的精神的狂。己土陽濁的時候也會狂，狂就是自以為是。

形干有現實穩定的思想狀態,行為上自然就安靜平穩。形干就主內、守成,代表技術手藝,現實的物質,講方法技巧。比如癸水,就代表技術與謀略。壬水不同,想當老大。癸水要當老大,就需要有實實在在的技術、謀略、方法、手段。

4. 體質脆弱,害怕打造

形干的第四大特點是脆弱,不喜歡被打造。形干是成型的產品,可塑的空間很小,再去讓它變化,相當困難。於是就很脆弱,稍微一碰就破損了。相對來說,形干中的乙木辛金丁火是最脆弱的。

我們知道,人道的本相就是競爭,誰都想得到好東西,資源稀少,自然乙木、辛金、丁火成為了大家爭相得到的對象。辛金代表珠寶、商品、錢;庚金叫原材料。辛見丙,命主大多是賣商品開店的,如果火旺金也不弱的,此人賣奢侈品,這個人的生活品質也很高,生

活中使用奢侈品，賣精品，或者進口的東西。比如辛金再見點水，往往愛喝高檔酒，比如紅酒。

乙木丁火同辛金一樣，成型的好東西，不耐克，克一次基本上都會受傷。乙木是最脆弱的，怕的東西很多，怕辛金，克一下就受傷；怕癸水，一見就有病，比如子卯刑；甚至怕丁火，丁火旺的時候把乙木給泄傷了；乙木就是人，最脆弱，如果有理想追求，就成為甲木，甲木可以克兩次，這也說明了精神力量對人的壽命健康很重要。乙木的精神力量很弱，所以最容易受到傷害，很容易自卑，得抑鬱症，自閉自殺。

辛金也一樣，見丁火，一克就出事，酉戌害就是丁火克辛，不是看破紅塵出家，就是不想結婚，也不喜歡工作。

5. 保守消極，行為怪異

形干之人氣弱，思想一般比較保守，小心謹慎，低調務實，組合好者守成持重，既然不易變化，那就不抱太多的幻想，不喜歡像氣干一樣去折騰，去開拓市場。表現為低調務實，組合不好者，體現消極。

既然不喜歡折騰，那麼來之不易的成型產品，自然會比較珍惜，珍惜過了頭，就會小氣，甚至吝嗇。比如癸水，特別是陰旺的時候，喜歡藏東西，辛金組合不好，辛見癸了，陰旺時候，也很小氣，神秘人物，行為稀奇古怪。乙木見癸水也是很稀奇古怪，這麼說吧，只要是稀奇古怪一定是形干，比如丁火弱，形干組合不好，陰旺時候克陽，又都是凶神的，那就更加的稀奇古怪。

（二）氣干特點

1. 思想豐富，善於變化

氣干相對於形干來說，氣足，表現出思想不成熟或者思想活躍。思想豐富了就幻想多多，就想折騰，計劃不如變化快，喜歡各種嘗試，這就體現出思想豐富，敢於嘗試，善於變化。

比如甲木丙火，思想豐富，氣足，特別敏感，甲木丙火最容易成為名人大師，特別在文化藝術方面，體現出較強的創新能力。比如決策創新，很多東西來自於靈感，命局中甲丙戊多之人，往往從事宗教，或者癡迷於宗教，因為宗教本身就是思想的智慧凝結，形而上的東西，敏感可以讓其思想豐富，第六感覺很好，與宗教高層思維同感共振。宗教是一種文化，一種信仰，甲丙戊之人往往與一般人的思維不一樣。當然，如果陽濁了，就走火入魔，狂熱，癡迷，脫離人道。

2. 開拓創新，喜歡嘗試

氣干思想豐富，氣又足，就喜歡開拓創新，喜歡各種新鮮的嘗試。特別是庚，壬，喜歡出外闖蕩，折騰，這種多動多變的特點是天生的。這種特點可以體現在多個方面。

3. 體質皮實，接受打造

氣干氣足，生命力旺盛，體質是比較皮實的，喜歡刺激與打造。因為氣干是半成品，還可以打造，氣干一般可以受克兩次才受傷，克一次叫打造。比如庚金喜歡見火，可以被克兩次，庚金見丁火最安全，遇到丙火不是太旺也沒事的，如果丙火比較旺的，打造庚金成才，但也傷害一點庚金，體現出潔癖、焦慮等特徵。

4. 可塑性強，更換頻繁

氣干思想積極，相貌粗獷，行為活潑，變化很大，可塑性很強。比如庚和壬多的命局，

工作職業婚姻子女變化比較大，因為庚和壬代表後天的人事物。當一個命局庚壬多又沒有火土打造，或者火土比較弱的時候，就體現出婚姻動盪、子女變化大的特點。比如配偶的更換，孩子過幾年成為別人的了，或者別人的成為自己的。包括工作職業、交往的朋友也會更換。

庚壬多的，外面的異性朋友也多，有的家外還有子女，庚壬變化比較大。如果有打造就不一樣了，庚見火打造成為辛金，自己的配偶就不變了。壬被打造後成癸水了，就穩定了。

這些都是十干的特點所決定的，下面把兩者對比總結一下。

四、形干氣干對比總結

形干是已經成型的東西，塵埃落定，不易變化，再打造很容易受傷，因此，形干易傷，需要保護。形

干受克或者泄過很容易受傷，受傷之後，婚姻家庭，身體健康很容易出現問題。

因此，形干多的人就容易受到傷害，需要保護，人低調，小心謹慎，或者小氣。同時，形干多的人又比較務實，懂一門技術，懂得方法手段。體現出認真、務實、謹慎的特點。

形干的缺點是保守、不會變通，比如乙木之人叫榆木腦袋。辛金之人過於自信，變成自大。這個缺點遇到戊土或丙火時候可以變化，當然戊土不能傷它的水，傷了更不容易變化。

氣干是尚未完全成形的東西，可以變化，體現在思想上特別的明顯。思想活躍，喜歡外出折騰嘗試。比如庚，壬，即使結婚了，也會不停地去嘗試婚姻，這些都是十干特點所決定。

氣干也有很多優點，人有思想，有想法，有魄力，心胸比較大一些。氣干皮實，受挫能力強。氣干的優點也是缺點，善變就朝三暮四，感情不專一，影響婚姻事業。大大咧咧，不太注重細節，事情注重大

的框架，處事粗獷。

如果形干氣干結合相當完美，比如蓋房子，氣干搭起一座房屋的大框架，形干做裝修美化這樣的細節。氣干適合打天下，形干適合守江山。

我們知道了形氣的特點，可以對比著來把握其特點，當然，物類萬象，想窮盡是不可能的，比如：形干形定，打造易傷；氣干氣足，打造易成；形干務實，氣干務虛；形干低調，氣干高調；形干喜靜，氣干愛動；形干易傷，氣干善變；形干求穩，氣干多變；形干專一，氣干花心；形干細膩，氣干粗獷……

我們學習的目的，先把十干用到太極法裡面去斷富貴貧賤、壽夭吉凶，隨著時間的延長，再來豐富干支取象。當然，學習是沒有一蹴而就的，學習中要不斷應用，加深理解，這樣才能收穫良多。

第八章　古人對十干的十字總結
——十干定位與取象之一

【本節主要內容】

一、熟悉古人對十干的總結。

二、把握十字訣特點，有利於我們實戰論命。

三、熟悉十字訣的特點含義。

一、古人對十干的十字總結

（一）十干：甲乙、丙丁、戊己、庚辛、壬癸。

（二）十字：曲直、炎上、稼穡、從革、潤下。

1.十干來源及作用

認識十干主要從天地生化萬物、陰陽、四象、五行、十乾等角度，從上到下全方位來認識。接下來就該破譯十干了，要破譯十干，只有從天地認識十干之後才能破譯，我們古人對

十干還是留下一些總結的,破譯之前,我們還是對古人留下的十字方針認識一下。

十干就是五行生出來的甲乙丙丁戊己庚辛壬癸,十干是人道有形的東西,論命就是通過有形的東西來看到無形的氣,這叫以形觀氣。

2. 古人十字總結

古人論命就是以形觀氣,通過外形可以看到天地。(這裡說的古人是指古聖人,是創造這套學問的人,不是一般意義上的古人)古人總結出了十個字,在很多古書上看到的十個字——曲直、炎上、稼穡、從革、潤下。這十個字主要是講格局的,比如說,八字一片木的叫曲直格,八字一片火的叫炎上格,八字一片土的叫稼穡格,八字一片金的叫從革格,八字一片水的叫潤下格。

這裡說的格局,不是十神角度的格局,而是十干角度的格局,五種格局實際上就是對五

行十干的對應，比如說，甲乙木總結出來兩個字叫「曲直」，甲木是氣干，對應「直」，乙木是形干，對應「曲」。依次對應下來，炎上對應丁丙，稼穡對應戊己，從革對應辛庚，潤下對應癸壬。

這樣對應以後，十干的意義就出來了，不僅每個天干外在的形象出來了，而且內在的心性也栩栩如生，下面來比較詳細的解說一下。

二、十字解析

這裡說明一點，這不是我創造的，最多是我破譯一下，古人的十字方針的確很精煉、準確。十干十字訣，從十干的外形與內在心性兩個角度總結十分到位，但還沒有到靈魂的程度，如果深達靈魂的層面，就可以斷富貴貧賤壽夭吉凶了。

(一) 木──甲乙──曲直

　　木氣生出甲乙木，甲木承載少陽氣多，乙木承載少陽氣少。這樣區分有什麼意義呢？

　　比如風水調整上來說，如果需要木氣，那就需要擺放甲木，一擺放，木氣馬上就被吸引過來了，如果你擺放的是乙木，那麼乙木吸引過來的只有二分之一木氣。這個例子在強調，什麼樣的形就會招引什麼樣的氣，這個非常重要，我們一定要理解這種形氣之間的關係，氣在空間運行，如果沒有形來承載，是不會過來停留的。

　　木氣生出的甲乙木，在外形及內性上體現出來的是「直」和「曲」。先說甲木的「直」，甲木本相高大挺拔，甲木命局旺而不傷，或者只要甲木沒有去干壞事，甲木人事就體現出來「直」的特點，個子高，個子中等的腰板也是挺直的，有氣質，特別是女命，天生麗質，亭亭玉立，氣質很好。甲木頭髮直黑粗，一頭秀髮很靚麗，如果甲木受傷，那麼男命脫髮，女命髮質早白，特別是金旺傷木，火旺

第八章 古人對十干的十字總結—十干定位與取象之一 153

泄木,頭髮老化得很快。

心性方面的「直」,甲木人純潔、真誠。木火都是先天的,真實,性情直接,直來直往,火比木還直,木的直為本真,心裡想說什麼就說,不會掩飾自己的人,我們說這叫耿直,木的耿直就是這麼來的。木性耿直,也叫本真,包括情緒化,愛憎分明,口無遮攔,我們叫小孩子。

因此八字中木旺人,沒有金克木,或者有金被火克制,或者見水了,我們叫情緒化,見水陰旺的體現為任性。褒義詞叫純潔,貶義詞叫幼稚,流露出的是木之本性,這就是所謂的耿直。

同樣是木,為什麼乙木為「曲」呢?從外形看,甲木是強少陽,乙木是弱少陽,少陽氣只有甲木一半左右。外形是十干中最脆弱的,於是內心就容易自卑,敏感,脆弱。為了保護自己,少受傷害,就會宅在家裡看書,或者修佛修道,通過提升精神,獲得一種精神方面的安全與享受。這樣以來,乙木害怕與外界交往,太脆弱者只有封閉自

己，因為人道充滿了競爭，欺詐，殺戮。

如果乙木沒有受到傷害，外形很好的，比如乙木自坐強根，有火保護，沒有金來傷害，沒有被水侵害。乙木人很漂亮，叫曲線分明，特別是女性，前凸後翹的，頭髮黑色靚麗，柔軟細膩，自然彎曲，陰性十足。乙木沒有被金水傷害，而有火來引拔，就會體現出女性的陰柔之美，特別是乙木或者癸水得用者，叫小鳥依人，叫曲致有度，為女人中的最美。

但大多數情況下，乙木的「曲」往往是另一種意思。當乙木被水控制的時候，或者被金傷害的時候，這個人的身體或者四肢是彎彎曲曲的，個別組合不好的就殘疾。還有的時候，乙木缺乏陽氣，不是個子瘦高就是駝背。還有的被水陰浸泡厲害，就會肥胖。乙木所代表的毛髮也會出問題，男人禿頂，女人脫髮。

心理上的「曲」如何顯示呢，乙木見火了，或者有戊土護衛了，乙木說話也不會像甲木那麼直

接，而是含蓄地委婉表達，很有文采。這個「曲」叫溫柔，善解人意，這當然是最好的。

當乙木被水控制，或者被金傷害後，磨難多導致人生的曲曲折折，就有了脆弱的內心，反反復複磨難，就讓內心越來越自卑、封閉、內向，或者說，害怕與人交往，行為出現怪異。

(二) 火──丙丁──炎上

火古人總結為炎上，炎上對應的是丁丙。「炎」，就是火勢很大，炎熱，能量集中，指丁火。「上」就是往上面升騰，它是一股氣，虛的，體現出明亮、升騰、釋放，指的是丙火，我們從外形與內心兩個方面總結。

先說丙，「上」從外形說，丙火的個子比丁火高，氣往上面走。如果八字丙火不傷，或者見了戊土護衛，個子普遍高大，再有點金水，不但個子高，還壯大，如果金水受傷木有力的，個子高而瘦。

丙火人外形高大有氣質，最主要是丙火的心性體現「上」。丙火對應「道」，萬事萬物的規律，因此，丙火是上進心最強的一個十干，他追求天道規律，換句話說，他最想體現人生價值，這樣以來，他一定有理想追求，去實現價值，責任感使命感就體現出來了。「上」還體現為尊，體現為有身份、有地位，丙火就是名人大師。「上」也指自律，對自己嚴格要求。一個人對自己自律，又不斷追求理想，持之以恆實現價值，體現責任感，那就自然而然地成為管理者、有影響力的名人大師。

　　丙丁火還有一個共同的特點，就是「炎」，代表能量的集中，火代表專注，代表注意力。特別體現在丁火上，對事物的專注力，能量聚焦特別集中，比如八字中有金水的，這個人很聰明，智商很高，如果命局水克火了，或者火比較弱，那麼這個人雖然聰明，但注意力不夠集中。

　　反過來說，一個木火通明的八字，金水弱的，此人反應不是很快，但這個人很有才華，才華來自

於專注，學東西的時候，不一定很快，但專注到一定程度，思維能力特別強。他不像金水一樣心靈手巧，智商很高，但因為專注而厲害，他學東西沒有金水那麼多，只有幾樣，但很專注、深入、通透。火就是看專注力的，因此，丁火就代表專家教授，代表優秀的老師，代表科研工作者。這就是專注地去搞學問的一個人，這就是丁火。

丁火的「炎」，還代表炎症、腫塊。如果長時間的集中的傷害身體的某一部位，那就成炎症了。比如八字中丁火過旺，又有戊土護，這個人身上一定會經常發生炎症或者結石。再如，八字丁火過旺，或者丁火受傷的，這個人一輩子要動好多次手術。丁火是看血的，容易發生血光之災。

炎上的丙丁，體現出炎熱，專注。火體現出的專注力在五行中最明顯，如果一個八字火弱，戊土不能護，學東西的天賦是有的，但因為專注力達不到，最終很難達到優秀的程度。因為學習時候專注度不夠，精神不夠。

(三)土——戊己——稼穡

戊己土叫稼穡，土就是大地平臺，播種什麼收穫什麼。戊叫「稼」，代表播種，承載，付出，注重過程，不計較結果。

戊土為什麼會只問耕耘，不問收穫？因為戊土向火，受火的影響，體現出責任感、使命感，代表付出，奉獻。於是，戊土就代表種植，體現過程，屬火的性質，而己土體現「穡」，對應收穫，注重結果，屬金水的性質。

因此，己土特別注重名利，注重結果，要發財，要富貴，對到手的東西格外珍惜。這就是己土和金水人的一個明顯特點，特別是陽不夠旺的時候，不重過程，而特別注重結果，為了結果可以不擇手段。唯利是圖的特點出來以後，坑蒙拐騙，鑽法律空子的事情都有了。

己土也是一個平臺，金水的平臺。己土人最會搞人際關係，或者為了結果而去拉皮條。於是人顯得很勢利，為了金錢名利沒有底線，不在乎用什麼

手段。

如果一個八字火陽足夠旺，己土不會不擇手段，因為有火陽在約束著他，也不會小氣。

己土因為注重收穫，所以己土叫實用主義者，比如學易，學了就要用，去獲取名利物質，求得錢財。

(四) 金——庚辛——從革

古人總結金為從革，「革」指庚金，「革」就是革命，改革，創新，生產加工。「從」指辛金，指順從，順勢。

辛金的「從」是什麼意思？「從」為順從，當陽缺乏，陰旺的時候，就順從社會局勢走，這叫順勢，趕時髦。金是最現實的人，陽弱陰旺，當陰被激發出來的時候，金就順著陰勢而走，去追求名利物質，也是為了名利而不擇手段。首先體現出來的就是撒謊，嘴巴厲害，可以指鹿為馬。不僅如此，做生意陰旺時候就坑蒙拐騙，沒有底線，什麼都可

以交易，都可以出賣的。特別是女的，容易流落為小三，這是金的一種不好的象。

還有一種「從」，為順應規律。金因為是後天的，很務實，又相當聰明，於是領悟了社會的規律，社會的道理即是人道的道理，如果再有木火的影響，那就懂得天地的道理，就會遵循自然之道。金見火很厲害的，成為了公器，遵從了國家的意志，服務于軍隊警察，遵從了法律法規，從事公檢司法。

這裡單獨講一下「義」，金主「義」，主公平公正正義。這自然是順從了正義，正義就需要陽金，金要見火，金見火得到平衡是最厲害了。火為道，金從火叫實干家，再見個木，金就掌握了天地規律，因此成為社會精英，在某方面肯定有成就，接觸哪一行都有成就，這就叫多才多藝。

金見火者還為得道的高僧，他不僅懂得天道規律，更懂得人道的規律，道在低處，他從人間走來，懂得人道的事情，又很有才華，明白世理。如

果人道的規律都沒有整明白就去追求天道，遲早會走火入魔，陷入迷信狀態。

金見火還為慈善家，他很會掙錢，然後把錢給社會上需要的人花，造福人類，造福社會。因為他知道金錢的價值意義，就是讓社會上的人更好地生活。

「革」就是革命，改革，創新。這裡指的是陽金，金要見火或者說金去克到陰木的，木浸水後代表有病的思想、有病的人事物，木克土得了免疫系統重病，譬如腫瘤。此時就需要金來動手術。動手術就是顛覆，就是革新，先破後立。先破開身體，去除壞的肌肉再縫合，後立讓肌體健康。社會也一樣，陽金叫改革家。

陰金叫破壞，是破壞分子，這就有了金旺不傷自己傷六親，再好的東西拿到他手上都被他破壞了。他要住到新房子裡，不到一年都給你破壞掉了。這就是陰金，不傷物就損人。

(五)水——壬癸——潤下

古人總結水為潤下，潤對應癸，下對應壬。

大家對「潤」可能不太理解，一個八字中癸水得用者，尤其女性，長得水靈，毛孔比較小，水分很足，就是娃娃臉，皮膚相當好。不僅長得好，而且性格也溫柔。癸水得用，又沒有凶神，性情往往小鳥依人。潤不僅指滋潤，還指為人處世柔和不僵硬，讓人感覺很舒服。癸水得用之人很厲害，人聰明，智商情商很高，為人處世招人喜歡。

「下」對應壬，代表野心，只要壬水得點用的，比如說壬水見了點土，都想干大事業。他的欲望就想得天下，壬水叫黑社會老大，叫資本家。

當一個人欲望過大無法控制之後，他就沒有了底線，往下走，那就不擇手段。一個人對物質名利欲望太強大，陽的東西就會減弱，沒有束縛的底線，那就往下走，體現為下流，坐牢，短壽，入地獄，這個意思。

「下」也有好的一方面，水是無孔不入的，頭

腦比較靈活。木火一般是往上走的,不會往下走,而水則不同,水不但適應能力強,隱蔽性又好,那適合做什麼工作,地下工作者,臥底,間諜這一類。水旺得用者,能伸能屈,無孔不入,有很強的適應能力,又有方法,又有強大的欲望,那就干大事。當然,付出的代價也是有的。

第九章　現代坊間對十干的認識
——十干定位與取象之二

【本節主要內容】

一、瞭解現代坊間對十干的認識，有利於我們把握十干的本質。

二、懂得探索門十干定位取象與坊間有本質區別。

三、探索門十干定位取象的依據與方法。

一、現代坊間對十干的認識

接下來我們來瞭解一下易學界對十干的認識。港臺十幾年前就用到干支論命了，盲派也講十干取象，那個時候干支取像是很吸引人的，很可惜，十干的象我們看到很多，甚至說背了很多，但都不會用，這是什麼原因呢？我們要有一定的瞭解。

（一）依據：以形取象。不知根源，與本質無關

社會上看到了十干取象，大都是以形觀象，主要是通過十干的形來類比取象的，比如說甲木，取象為高大的樹木、電線杆、鐵塔等高大的東西。這種類比像沒有太大的意義，因為不知道本源，甲木是個什麼東西，是怎樣生化出來的。

現在我們知道了，甲木是天地生化出來的。天地的什麼生化出來的，坊間不知道，只知道類似甲木的東西可以類比，真正的甲木取象不是類似，而是與甲木同根同源的事物。

舉個例子，甲木為什麼代表人的頭腦，為什麼對應五臟六腑中的甲肝乙膽呢，這個一定要知道他們的共性之後才能知道，這個共性就是陰陽氣。

比如港臺書上，或者現在人寫的取象，不知道本源，所以不會應用。大家可以去看，取象大都雷同，千篇一律，同港臺的書差不多的，大家相互借鑒，但用的時候又用不上。

十干的取象易學界早就有了，《滴天髓》《窮

通寶鑒》《三命通會》等等古籍，哪一個不講十干的，從邵老師出來後各門各派易學書百花齊放，都講十干，這些書在十干取象上很豐富，但大都不能用。為什麼不能用，我們來找找根源。也有取象很准能夠使用的，那是靠經驗的積累。下面我們舉一些例子。

(二) 舉例：十干取象，憑經驗積累，不可複製

　　十干取象也有很准的，能夠使用的，那是靠經驗的積累。這種憑經驗積累的知識，教了很多年，教了很多人，但大都學不會。憑經驗積累的東西，靠的是感覺，沒有原理，不可複製。有原理方法公式，自然可以複製。你學了也可以用，而且可以無限制地去延伸，因為萬事萬物層出不窮，靠經驗不可能窮盡所有。如果知道本源，有些看不到的，沒有規律的新物種，只要性質相同，那就可以歸類到裡面去。

1. 甲乙木

　　我們先來瞭解一下社會上的歸類，比如甲乙木的取象，甲木叫參天大樹、電線杆，見水了叫活木，秋天夏天見到火或金了叫死木。把乙木類比為花草，乙木彎彎曲曲的是繩子，憑經驗把乙木叫寫作。

　　的確，甲乙木就是與寫作有關，是作家這一類的人事。奇門遁甲中甲木叫公門，甲乙木都有在政府部門工作的，如果讓說理論他說不出來的了。這個的確很准，我們也是把甲木定位政府部門的了，甲木是強少陽，本身代表福報干，福報干就是最基本的生活依靠，就是手藝和單位，甲木對應政府部門，乙木對應的就是基層鄉鎮，甲木的層次高。

　　古聖人把甲乙木還對應人體，代表肝膽四肢，這些取象準確。我們要理解其原理，為什麼甲乙木代表肝膽四肢，因強少陽就是生髮之氣，在人體中的肝膽就是主管生髮運化之機能

的，甲木代表理想，強少陽，代表先天的東西，就是人的想法、思想。甲乙木還代表四肢，主要以手為主，生髮主上，金水以腰和腿為主的。我們可以按照生髮之機能來推，木火旺的，一般會練武術。如果木見了水，水有制化的，一般是手藝人或者搞寫作的。

2. 丙丁火

社會上對火的取像是這樣的，丙火代表太陽，影視，照明，光電……丁火代表星星，燈火……後來有了一定經驗之後，有人發現丙丁火代表名人，代表政府官員，但是原理不知道的了。我們按照原理一推就出來了，丙丁火代表太陽，它首先是代表精神層面的，代表思想，精神追求，代表道，是名人大師；代表尊，就是政府官員；懂得規律後從事釋放教化工作的人，那就是老師，這樣推下去，還有治病的，搞修理的，搞創造的人。我們知道原

理，對應天道的什麼，對應地道的什麼，這樣一推理，人事物一下子就出來了。

3. 戊己土

社會上對土的取像是這樣的，土代表大地，戊土代表南方的紅土地，代表高原，代表城牆；己土代表田園，代表生長莊稼的黑土地，大家認為戊土乾燥，不生長莊稼。有經驗的把戊土取象為房屋，因為戊土有避寒的作用，戊土代表講臺，這些都是大量經驗總結出來的，戊土代表講臺很准的，但這種大量經驗的總結來之不易，而且還得善於總結，才能得出來。

其實不用大量經驗也很容易的推出來，從陰陽角度看，戊土就是平臺，接近於丙，是丙火的助手，其中一個很重要的功能就是平臺，一個大家庭的平臺，釋放能量，制陰，教化懵懂少年，那就是老師。

己土也是個平臺，有經驗者把己土看成與飲食有關。我們知道，己土注重世俗生活，很實際，叫人間煙火，自然與吃喝有關了，己土見了金，特別是還有火的，特別喜歡喝紅酒，如果見到水了，那就偏向於喝白酒了。己土見到辛金的，特別陽比較旺的，那是個美食家嗎！當然把金克了，那叫禁欲。己土是個平臺，與飲食有關，辛金代表美食，高檔酒，陽旺的層次高，愛喝紅酒的，美食家就是喜歡美食的人，這樣一推就出來了。

4. 庚辛金

　　社會上對金的取象往往是這樣的，庚金代表機器設備，法律，軍人，馬路，做生意的，開拓市場。辛金代表財務，精緻的商品。

　　今天我們知道了本源，可以無限制的延伸，金代表正義，特別金見火了叫天使，叫慈善家。金主外，代表情人，代表異性，庚金為

情人，辛金為老婆，金代表口才，代表交際能力。金代表社會的活動能力，掙錢能力。代表開拓能力，創新能力，社交能力等等，你可以無限制地去延伸，主要符合了少陰氣的特點。

5. 壬癸水

　　社會上對水的取象比較自然化，水代表江河湖海，代表物流……

　　運用陰陽原理我們可以知道，壬癸水叫太陰，太陰是水氣，代表變化，太陰具有最強烈的欲望，代表名利，代表市場，代表資本，代表資源。太陰又是最寒冷的，又具有攻擊性的特點，代表病毒，代表邪魔。因此，水旺傷陽沒有制化必然貧寒、欠債，體現在社會最底層，是漂泊命。

　　這就是說，從十干角度出發，直接就是斷富貴貧賤壽夭吉凶，或者斷福報災報，直接可以論命。而不是去背誦很多十干象，不明原理

背了也用不上。所以，從本源取象與從表面取像是兩個不同的概念。

以形取象，不知根源，與本質無關。反過來說，只有知道了根源，才能無限取象。十干類萬物，因為從形取象，只是涉及人事物的表面，要想取象準確，必須把本質的東西掌握以後才能有用。比如說，我們把水取象為江、河、湖、海，這些純粹自然界的東西，在論命時作用不大，延伸出來的計算、會計、術數、疾病、貧窮等都要實用一點。

舉個例子，同樣涉及到水，命局裡有己亥，戊子的。己亥可以取象湖泊，靠捕魚吃飯的，但如果命局得點天時地利的，那就代表老師、村官。比如戊子，如果命局得點天時地利的，那層次就高了，代表醫生，代表管理犯人的人。這樣根據十干組合在命局中的作用來取象，活活潑潑，不會像表像推理那麼死板了。

二、探索門十干定位取象的依據與方法

（一）依據：天地人思想，十干是天地的產物、是五行陰陽的載體

探索門把十干的作用分為幾個方面，第一大作用就是人事定位與取象。論命以斷富貴貧賤、壽夭吉凶為主，但首先得定位斷富貴貧賤壽夭吉凶屬誰的，十干體現出什麼樣的人和事。

十干為什麼能夠定位取象呢？因為十干是陰陽的化身與載體，比如甲木沒有受傷，甲木一定體現出福報干的特點，頭腦聰明，有單位，或者說有很好的手藝技術。因為甲木是天道陰陽的化身，承載的是少陽氣，內心是個木氣之心，少陽氣體現善良，善良聰明有依靠有單位這些福報一定會得到的。

這種推理的模式可以延伸下來，比如壬癸水，水是太陰的化身，太陰的化身就體現出太陰的特點，太陰就是強大欲望的人，就是遭受

磨難的人，如果組合好，太陰有制化，他可以從磨難中奮發，成為老闆。不管你成為什麼人，磨難是免不掉的了。

因此，人與人是不一樣的。有的人一輩子道路平順，沒有什麼大的磨難。有的人有富貴，但是要遭受不少的磨難。這個看什麼，看十干，這就是十干的第一個作用，用來定位取象。

(二) 方法：以形觀氣，陰陽靈、五行性、十干形

十干的第二大作用就是以形觀氣。這是我們看得比較重的，根據十干，可以看出五行氣，可以看出陰陽氣。

我們舉個例子，春天出生的，有的一看陰氣很重，有的陰氣不重，這個通過干支來看的。春天天道布的是少陽氣，少陽氣的本質是陽氣剛剛出頭，還有很重的陰氣，但不是所有春天的八字都是陰旺，有很多春天出生的卻是

陽旺，甚至冬天出生的也是陽旺。

前幾天發表了一篇文章，冬天出生的，火氣很旺，有人問，冬天怎麼會火氣旺呢？意思是冬天一片寒冷，怎麼可能火氣旺呢？

我們先聯繫生活常理來說，比如國家的政策是好的，但到每個地區都是不一樣的，政策再好，在你所在的地區沒有落實，怎麼會惠及到你呢！命局也是這樣，天道布氣是先天的，冬天寒冷，寒風刺骨，但有個別地方是熱的，甚至要穿夏天的衣服。那個地方房屋向陽保暖，靠著火爐，還開著空調，你說還會冷嗎！冬天如果你所在的地區處於西北風的風口，房屋又破爛，又沒有供暖設備，那個地方搞不好要凍死人的。

八字同生活常理一樣的，春天出生，如果干支一片火土的，春天的陰氣落實不了。如果春天出生的，透出壬癸水，又有庚金來生，你說他能不冷嗎，因此，看八字一定要懂得以形

觀氣。

以形觀氣，首先看天道布下的氣，還有地道的五行氣怎樣運行。干支為形，卻是氣的載體，通過干支就能知道氣，這就是以形觀氣。干支就是理氣的工具。通過理氣，金木水火土五股氣誰來主導，分出君臣主次尊卑，這樣就有了先後順序，從而理出了地之主氣的走向，從而就產生了陽旺還是陰旺的命局。木克土後，主氣是水，那就一片寒冷；如果是土克水，寒冷都被抑制住了，那就是火氣出來了。

這說明了一個事實，春天天道布氣寒冷，後天通過人為的努力，照樣可以改變寒冷，這就說明後天的重要性。論命一定要注重後天，先天都一樣，關鍵看後天的變化。如果春天出生的人都一樣，那還看什麼命，正是因為後天可以變化，歲運可以變化，我們才看命，看出來之後，可以用調整來趨吉避凶。

通過以上例子我們可以歸納一下，探索門

第九章　現代坊間對十干的認識─十干定位與取象之二　177

　　的十干破譯與定位，一定要根據天地人的指導思想。

　　　　我們知道，十干是個具體的人事物，或者十干是個有生命的人，人包含了身心靈三個層面。天地人三個角度看十干就看活了，通過十干看出五行氣，看十干的心性品質，通過十干看出陰陽氣，陰陽氣是最本質的東西。十干形是看外在形體的，或者他對應什麼樣的人事物。

　　這裡說明一點，現在我們論命重點在富貴貧賤壽夭吉凶，取象給大家講一下，慢慢地滲透，如果精力都用到取象上，那就本末倒置了。今天先理解一下，如果取象沒有理解到最本質的東西，那肯定是不准的，或者說，偶爾准，背了很多東西而不會用。

　　這一節我們主要瞭解社會上對十干的取象，懂得探索門對十干的取象定位及方法，下面我們就可以一個一個十干來定位取象了。

第十章　探索門十干取象——
　　　　十干定位與取象之三

【本節主要內容】

一、熟悉探索門取象的三個角度及指導思想。

二、探索門十干取象定位的具體體現。

三、十干定位的具體特點，這是探索門的精髓所在。

一、探索門取象的三個角度及指導思想

　　這一節課我們就來具體的取象，探索門十干取象和定位與社會上是不一樣的。探索門取象直接涉及帶有福報與災報的人事物，取象不僅注重外在的形象，更注重內在的本質。

　　舉個例子來說，社會上取象重表面，甲乙木是花草樹木，庚辛金是機器設備，這只是表面，只有掌握了內在本質才可以無限制地去延伸。關鍵在於把握了

什麼樣的本質，才能與斷命直接關聯，從而服務論命。

探索門取象直接涉及十干的陰陽，讓十干成為直接帶有福報與災報的人事物。換句話說，十干取象不僅包含有先天屬性與使用範圍，也包括後天的福禍落實與吉凶體現。

比如定位要分清楚性質與範圍，是家內事，還是家外事；是工作上的事，還是疾病上的象；是才華的體現，還是才干的落實等等，從而對人事物本質屬性進行綜合劃分，具體定位。

有了本質定位有什麼價值呢？有了本質定位就可以直接論命了。定位越清晰，論命就越實用。十干類萬象，不歸類不好把握，歸類分明，取象就方便多了。

無論怎樣歸類，其根基一定要建立在十干所載陰陽氣的劃分與含量上。無論是涉及家庭當中的取象，還是涉及社會方面的取象，無論是人際關係，還是十干本體，這林林總總的分工取象，都得根基於十干的

陰陽屬性。這樣分工定位才有價值，十干定位之後，既可以斷富貴貧賤，又可以斷福禍吉凶，同時還能對人事物性質進行具體定位取象。

怎樣從陰陽角度去定位取象呢？探索門主要從天地人三方面來定位十干。

首先從陰陽定位，因為陰陽是十干的靈魂；

其次從五行定位，因為五行為十干的心性；

再次從外形定位，因為外形是人事物取象的具體稱謂。

這樣一劃分，從高處往下看，從裡看到外，有了這種高屋建瓴的視角，看起十干來就比較輕鬆，取象會很清晰的。下面我們就來講甲乙木。

二、探索門十干取象定位

第一組　甲乙木

（一）甲乙木取象的三個步驟

解析十干就要從天地人三個角度來進行定

位。

天地人表述為陰陽、五行、干支。也叫身心靈，身心靈一一對應十干的外在表像、內在本質、精神靈魂。

這裡說明一下，天地是看不到的，五行氣看不見也摸不著，但我們能感覺到。比如春天最旺的是木氣，木氣帶有生髮之機，春天一到，萬物復甦，草木萌發，各種花草次第開放，這就是木氣在春天的外在彰顯。而在一天當中也有體現，是寅卯辰時，這個時候太陽出來了，是起床的時候，鍛煉身體，讓身體的肌能復甦，為一天的活動恢復活力，這種肌能的恢復就是木氣，生髮之氣。對應在身體器官上，生髮之氣出問題，肝膽的功能就會受到影響，受病痛折磨，這就是木氣的具體體現。

下面我們就從天地人三方面來看甲乙木。我們從陰陽能，五行氣，干支形三方面來定位，陰陽能與五行氣都是看不見摸不著的，得

以形觀氣。

1. 天：陰陽

天道對應陰陽，地道對應五行。甲乙木屬少陽氣，甲乙木的特點要通過承載的少陽氣來剖析。

少陽氣什麼特點？少陽氣陽長陰消，是陽的初始階段，陽氣在慢慢升騰，生命力在往上走，代表成長。

對應的季節是春天，一天中的早晨。少陽氣屬陽，陽為福報干，代表生活的基本依靠，衣食的保障，這些取象就出來了。

2. 地：五行

地道對應五行，五行體現十干的心性。心性就是人事物的本質，性質，屬性，實質。甲乙木是怎樣的五行心，必然由承載的木氣來體現。

(1) 天性單純善良　本性自私任性

木性是什麼？形象一點說就是人性。木氣陽長陰消，陽氣上升，人在往高處走，不斷追求理想、信念，精神信仰越來越高。在人們觀念裡還存在另外一種客體能量，這種能量雖然脫離人體之外，但可以超越人體，同時又能左右人體，這種超體能量西方人叫主或上帝，東方人叫神或佛。

人們有這種追求與信仰，表明了人性的美好，精神追求光明，生活追求美好。對應到十干來說，人的天性是善良的，但人性是惡的。這種惡性就是少陽氣裡的陰氣，善良的美好願望，而現實是很殘酷的，充滿了爭鬥與挫折。陰太重了之後，就把人往下拉，自然就墮落了。

(2) 表面光鮮示美　內心私欲隱藏

這樣一理解，人性就出來了，天性善良，本性貪欲，不加節制過分氾濫就出現邪惡。表面陽，內在陰，自然人進入社會後，虛偽的特

點就出來了。表現上死要面子，給人看陽的一面，光鮮亮麗，但內心都要追求更高一級的生活，需要物質滿足與精神享受，各種誘惑接踵而至，面對誘惑而貪欲孳生，禁不住誘惑就犯錯誤，醜陋的一面體現。因此，人都有不想讓人知道的一面，這叫隱私。真正的文明社會是要保護每個人的隱私的。人生活在三維空間，又是群居動物，外表需要面子，就需要衣服、車子、房子、票子，真正的裡子怎麼樣，被圍牆遮蓋起來了。

(3) 積極上進奔陽　書佛道性成長

人天性善良，本性是貪欲無止的，就是陰占了三分之二，外陽內陰，陽長陰消。懂得了這些特點之後，還可以無限制地去延伸，人性最大優點就是積極上進，人往高處走，這是人生最優秀的品質，學習、思考、成長。

這可以總結為木性的最大能力，就是少陽成

陽，就是內成長。如果命局中木沒有傷，見到了火與戊，一輩子都在學習。

木性還代表先天性，代表傳統，先天性指生而具有的稟賦，先天遺傳下來的，叫精神或者思想。精神思想屬書性、佛性、道性，往上走就是成長。

不斷學習成長繼續往下推，叫自我學習，自我成長，自我完善，自我修復，或者叫自我療傷，這叫修行。學習本身就是一種修行，專注於心靈領域的，也就有了專門從事這項工作的人，就是和尚道士。

(4) 苦行僧般生活　內心安寧祥和

用一句話來套用，木性人的生活很不被平常人所理解，過著禁欲般的生活而心卻似蓮花朵朵，精神得到享受與滿足。

木的人追求精神生活為主，就聚焦於內在，叫內向。這裡說明一下，內向我們常常來指人的

個性，不與外界打交道，這只是木的內向的外在表現，這裡強調的是指木性人注重于內成長，在內心追求天地規律的道路上，能夠讓自己的內心達到快樂、祥和、自在、滿足，思想得到提升，心理上有快樂的滿足感。

　　金水旺的人是無法理解木性人的這種行為，你看他天天宅在家裡，要麼學習看書，要麼修佛修道，要麼成為職業，天天念經，不與親朋好友來往，甚至不要婚姻家庭，這種禁欲生活怎麼過來的，於是就有了世俗所謂的「苦行僧」的生活，木性人是很滿足的。

　　反過來看，讓木性人去做涉及名利的事情他就不開心了，為什麼？因為他無法面對現實，表現為不適應，因為他解決不了。但木性人的內心是很快樂的，只要不與外界的名利接觸，學習生活讓他很快樂，內心得到滿足。宅家，練功，練瑜伽，鍛煉身體，看書，很開心。

　　這說明，心性不同，追求各異。人的快樂有

兩種模式，一種是內成長，叫思想的快樂，精神的滿足。一種叫外滿足，通過物質追求，名利的滿足，最容易的快樂就是飲食，叫舌尖上的快樂。人間煙火最能撫慰人心，當一個人煩惱的時候，美食可以讓他開心。還有一種就是和異性朋友的交往，做娛樂活動，能讓身心愉悅。外滿足的這種形式是金水旺的人所追求的快樂。

　　木火旺的人，或者說少陽木的人追求的不是外滿足這種快樂，這種快樂甚至給他帶來痛苦。他需要的是精神方面的。

(5) 專注內在成長　忽略社會生活

　　我們再來延伸木的特性，追求精神方面，木代表安靜的、傳統的、專注的特性，既然專注於內在，就會忽略外在的社會，人都要與社會接觸的，沒有這種接觸，人就表現為純潔。看看社會上哪種人很純潔，或者淳樸，小孩子，學生，偏僻農村人，有宗教信仰的人，這

種純潔也叫天真，幼稚，因為人要生存必須與社會打交道，太純潔了就無法融入生活，他的思想與現實生活格格不入。

木性不壞的人，看上去清新脫俗，淡泊名利，性情純潔，行為簡樸，體現出悠閒安逸的特點。

(6) 缺乏整體觀念　懷舊動情自我

木性人愛動感情。木是先天的，傳統的基因多，動感情需要記憶往昔的東西，木就很懷舊，動情感。木就容易流眼淚，傷心的事情看不得。

我們用金來對比一下，金主義，叫正義，表面嚴格執法，網開一面的情況比較少見，該怎樣就怎樣，一切按規矩來，見火後成為執法的工具，理智的成分占主導地位。

木性人缺乏大局觀，做事片面不現實。木性人因為接觸社會少，對社會的本質認識不夠，或者木性人陽少，就有很強的主觀意識，

這裡指的是為自己考慮的成分多，缺乏大局觀。人生活在現實社會中，思想就要接地氣，要全面考慮，生活不只是自己一個人的事，而是整個家庭、團隊、國家的事，往往單純到考慮事情單一，不現實。有些人一心要出家，熱衷於修佛修道，不要婚姻，不要家庭，不要生活，只管自己去做喜歡的事情。

(7) 放任封閉自我　容易被陰掌握

木性人生性是先天的，帶有自然性，原生態，就是喜歡自由自在。不愛被約束，木旺沒有制化的，叫無業遊民。還有修佛修道的。

還有搞我們這一行的，木旺見水的很多，有人在公眾號上留言，認為探索門把命理搞得這麼複雜。大家試想一想，預測學是一門高深的學問，不是愛好就能學好，一方面要花大量的時間精力，一方面需要有專業的精神，還要有持之以恆的行動，要麼先天有很高的悟性，要麼後天有不錯的學習能力，否則就算了。社

會上所謂的「倒黴落魄學算命」,你說能學得好嗎!

木真正見水了,少陽被老陰所控制,容易被洗腦,灌輸一些不勞而獲的投機之術,吸引木為自己服務,木就成為了水陰的鐵杆粉絲。

還有的木見水也學算命了,倒黴落魄學算命,其實倒黴落魄適合去修佛,因為佛道可以用來撫慰心靈,療傷。但往往療著療著就脫離現實了,慢慢就脫離修佛的軌道了,就開始迷信起來了。大家一定要注意,這就是木性被陰控制了。附體的也是這種情況。

(8) 安逸投機取巧　注重不勞而獲

木性太重成陰木的人,不太注重過程,很注重結果。木性人外在的陽氣本來很好,少陽氣屬陽,來自于天道,屬清氣,往上升的,按理說,天道的陽氣是順其自然,然而少陽氣見水之後,就被陰所控制,就任其自然了。這裡說明一下任其自然與順其自然的區別:順其自

然，順著自然規律，順天道規律而行，必然是對的；任其自然就是隨性甚至任性，不加約束，放縱自己的人性，人在社會上不能太放縱，那還怎麼能與他人和諧相處，人必須經過打造完善或者教育成長包括自我教育，才能成才，才是社會所需要的人。

人都喜歡安逸，不想吃苦，有好逸惡勞、不勞而獲的特點，更有甚者，為所欲為。人性自私，社會資源又很少，那怎麼辦，就會產生投機取巧，坑蒙拐騙。

從這個角度看，陰木人的特點很突出，特別是被陰侵害又水木克土的，投機取巧，坑蒙拐騙，甚至殺人放火的都出來了。這就是人性的惡被激發出來了，這就是任其自然。任性，放縱，無視法律法規，無視公序良俗。這就是人性的惡。

木性很重要，懂得了這些特性之後，我們再來看人道的干支形。

3. 人：干支

干支要看什麼？首先要看干支是形干還是氣干。甲木是木的旺氣所生，是氣干，乙木是木的弱氣所生，是形干。然後再看旺衰強弱。

甲乙木的性質相同，但在體現的量方面是不一樣的。量方面差距大的時候質方面會發生相應的變化。

好，明白了天地人三個角度的木性之後，下面我們就來看甲乙木取象的五大內容。

（二）甲乙木取象的五大內容

這五大內容都有先天規定，但都是可以推導出來的。這裡面也有古人留下來的一些東西，比如甲乙木對應的人體部位，這些都有口訣的。還有木所對應的分工，古書上也總結過。我們主要是從天地的角度推導出來的，因為萬事萬物都是天地生化出來的。

1. 甲乙木所對應的人

甲木所對應的人，就是自然人。所謂自然人，就是小孩子，還沒成年。有理想追求，注

重內成長，這內成長只是先天的，還沒有進入到後天，還沒有進入社會，還沒有成家立業。這種特點的人就是學生。

甲乙木都是學生，甲木陽氣足，對應的是天才，思維活躍，很活潑，象男孩子。人聰明，調皮搗蛋。乙木思想沒這麼活躍，但乙木專注。弱木氣，陽氣不夠，很安靜，象女孩子。如果是男命，性格就比較文靜秀氣。

這裡說明一點，這個只是靜止狀態下的單純一個干的狀態，沒有字碰字，但實際論命當中都要受到其他十干的相互影響的。比如，同樣是甲木，取象積極上進，思維活躍，是個天才等，但這些取象何時體現，何時不體現，那要看周圍的環境，如果甲木遇到了水，體現就不是這樣，木性被弱化了，如果甲木遇到了火，這種特性就體現，因為特性被火強化了，或者說是被激發出來了。

甲木叫書生，讀書人，古代叫書生，還未

求取到功名，還在求學當中，就是今天的學生，他雖然求學上進，但還沒有得道。所謂得道，就是真正懂得事物的規律，把握的知識還沒有經過實踐檢驗，還不夠優秀，見了火就優秀了。

下面繼續延伸，木為學生，如果金旺傷了木，那就是不愛學習的學生，調皮搗蛋。不見水還好，如果木見了水，肯定不喜歡學習，水是邪魔，愚昧落後。水代表動物，水入木，就把人調皮的心性或者魔性引發出來了，我們有時候罵人，成為榆木腦袋，這裡偏向於乙木。

木見了水，如果水不是很旺，木還可以化泄一部分水陰，尤其是甲木化泄力強，很多人木見水照樣很聰明。但往往聰明反被聰明誤，出事情。就是說，聰明但成就不大，或者說是聰明喜歡搞投機，容易出事情，最後失敗。

乙木受水能力不強，見水後的問題比較多，一定要用火土金來解救才能恢復正常。乙

第十章 探索門十干取象—十干定位與取象之三 195

木對應的就是學生，小孩子，修行者。

木是先天自帶少陽氣，木叫手藝人，木見火叫文化藝術者。還代表搞文化藝術的人，比較有才華。比如，作家，記者，畫家，書法家。木代表身體，動手又動腦，甲木主頭，乙木主手，都是先天原始帶來的技藝。

作家、記者多數都是木得用，如果是到處跑的記者，多數都是木見水，水代表社會的新聞材料，也代表四處跑動。如果水足夠旺，那就是專門找負面新聞。

木還代表和尚、道士、自由職業者，陰陽師。木見水是最標準的陰陽師。木為少陽，代表傳統的文化，水代表未來，或者代表很久遠的過去，如果陰太旺了，就是江湖上的陰陽師，擺地攤的，按套路出牌的，裝神弄鬼的，大多都是水木組合。

木代表傳統農業。木本身就是植物，陽比較弱，代表農民。木得用，又缺少金的，大部

分搞農業。木見火，或者木稍微見一點金的，金來克木，就是標準的園藝師，用剪刀修剪成型。或者是理髮師，金來修理頭髮。這裡得注意，金克木的力度不大，因為理髮級別不高，除非他是很有名的理髮師。

木還代表家裡的人，內部的人，代表熟人。木是先天的，天天與你在一塊兒，有血緣關係的人，叫家人，叫熟人。

木對應的人還有很多，我們可以用這種方式去推。先天的，有感情的，有血緣的。

2. 甲乙木所對應的事及物

上節課我們學習了甲乙木所對應的人，這節課我們繼續學習甲乙木所對應的事與物。

甲乙木對應的事與物都是根據木的性質來定的，我們知道，木的特性有以下這些：木代表先天的，內部的，代表精神方面的，家庭內部的，還沒有進入社會之前的，代表這方面的事。

第十章 探索門十干取象—十干定位與取象之三 197

比如木是先天的，精神的，就代表理想追求。木代表情感方面的事情，木性人在感情上容易糾結。

木代表學習、成長，代表與這方面有關的人事物，代表書籍、文憑。

木是原始的，代表農村、農業、農作物。

木代表自我完善、自我成長，因此，木旺見點火的，往往與健身有關，完善自己的健康，代表健身，練武術，練瑜伽，練功，修行，或養生、自然療法。

木是先天的，六親裡面代表母親。代表母親家裡的事，或者與母親有關的事情。

木代表票據，木見水成立。八字中有甲辰，甲子，就是搞財務與設計的象。

木代表情感，代表多愁善感，思想的糾結。木見火，就不糾結了，想明白了。木見水，糾結得厲害。木土相戰的肯定是這方面的事了。如果日干是土，陰旺受木克制，特別木

為七殺者，一生一定會受到感情的挫折。戊土遇到甲木克制，感情上往往很糾結，想不開甚至尋短見。

3. 甲乙木所對應的身體部位

十干在身體方面都有相對應的部位。下面我們來講甲乙木所對應的身體部位，這個在古書上也有提到，我們要知道原理。

木對應頭腦，甲為頭，乙為頸與肩。有個斷語「火旺木焚」，說的是火太旺把木泄傷了，那就會失眠，甚至神經衰弱，過分者為神經病。木是神經系統，這種人神經很脆弱，太敏感。木為什麼敏感，木是通天道的，頭頸部位在身體上是最敏感的組織器官，一點聲音就睡不著，這就有了「火旺木焚精神病」。

甲代表頭，甲乙又代表頭髮、眉毛，木主生髮，不斷生長之意，中醫裡說，發為血之余，生髮之氣推動血脈運行，因此，頭髮指甲

第十章 探索門十干取象—十干定位與取象之三

是不斷生長的了。

木代表四肢手腳，木代表成長，在精神層面為思想成長，在身體方面的是肉體強健，不斷的新陳代謝，毛髮再生長，因此，木也代表四肢。

如果木受傷，就會影響到身體的健康。一種是金旺克木，金傷木了，木形氣受傷，男性禿頂白髮，只傷形的是愛理寸頭，女性白頭發、發質硬。木受傷的另一種是木見水了，木裡的陽氣受傷後，活力不強，男性謝頂，女性好脫髮、頭髮稀疏。

眉毛也是如此，木得用，眉毛清秀，木形木氣都受傷的，眉毛很少。如果木形傷了，木氣活躍，問題不大，眉毛掉後可以長出來。如果有水克火的，木水見，缺少了生命的活力。

木見火，木代表毛髮四肢，特別是手腳，火把木生髮之氣引拔，人的手腳力量很大。木代表手腳還有一個原因，木是最原始的肉體，

功能就是最原始的肉體功能,就是手腳的力量。

八字中如果沒有其他功能,僅靠木來洩點水的,木見水一定克土,沒有穩定的工作,就是打打零工,一般是下層體力勞動者,靠身體的原始本能來工作掙錢,靠手腳,或者靠手藝。

另外一種木克土水克火的,八字往往沒有公序良俗,沒有法律意識,就用身體來掙錢,就是性工作者。

木在身體代表肝膽,肝膽主生髮之氣,木氣不能受傷,受傷就會瘀滯,氣血不暢通,嚴重瘀滯後就會得腫瘤。什麼時候瘀滯,地支有個寅亥合,除了合,還有破害,先合和後傷害,此人往往嗜酒,肝膽的陽氣受到損傷後,瘀滯而得肝膽疾病,胃病也出來了,後嚴重而成為腫瘤。特別是寅亥合又火克金、木克土的,往往是嚴重的肝膽疾病。在行為習慣上除

了好酒，情感也往往受到壓抑，從而導致肝氣不通，瘀滯成病，嚴重者成為癌症。子卯刑也是這種象。

木是原始的，主生髮之氣，對應人的頭頸、四肢、肝膽，以及與生髮之機有關的部位。

4. 甲乙木所對應的社會分工

下面來看木對應的社會分工。

木就是「工」，或者叫單位上班的人。在單位裡，水火為老大，金木為干活的人，金主外、木主內的人。當然，前提是木得用而沒有傷土的，特別木得用見了火，在年月得用，普遍是有單位之人。如果要看職務，看木有沒有成陽，看木有沒有成火，最起碼木要有土護衛吧，然後看水的制化，水有制化有權利。木成陽了，成火或得到戊土了，很容易得到職務。

這裡強調一點，有些同學會感覺這樣一

講，甲乙木不是還沒有分出來嗎。這裡解釋一下，甲乙木的性質是一樣的，他們的區別主要在於所含少陽氣的區別，即所謂形干與氣干的區別。

比如木代表單位，甲木單位要比乙木好，陽氣足，甲木見水如果水不是很旺的，甲木往往代表區市甚至級別更高。

比如木為修行者，甲木相當於丁火的能量，甲木的知識面比較廣，陽氣足，學東西快；乙木陽氣弱，相對來說頭腦不如甲木靈光，但乙木注重於技術手藝的學習，專業敬業，乙木往往涉及實用文化，涉及的知識面不廣，但涉及日常生活最實用的部分。

比如學生，甲乙木都是學生，甲木頭腦反應快，好奇心特別強，經常往外面跑，乙木經常呆在家裡，比較秀氣，比較專注，比較單一。

比如房子。甲木的房子要漂亮高大很多，

乙木的層次就低一些。

比如甲乙木代表傳統。甲木的傳統高大上，乙木的傳統有點落伍的感覺。

第二組　丙丁火

（一）丙丁火取象的三個步驟

1. 天：陰陽

知道了木，火就容易了，因為他們的思路是一樣的。

(1)　功德圓滿　打造別人

火叫太陽，陽氣不斷上升到達最強最足，對應的季節就是夏天。陽氣最充足，陽氣鼎盛就功德圓滿。陽氣滿滿了一定要發用。陽氣滿滿代表掌握了事物的規律與法則。火代表正能量，代表光明，這時候他一定是要發用的，要釋放，去服務別人。

釋放就是奉獻，就是傳播。人事方面就要

釋放、傳播、影響、打造別人了。這就是太陽的特點。

2. 地：五行

地代表五行的火氣，火氣是什麼特點？根據太陽的特點就可以推出，火氣是最上層，最高了，比木氣還高，少陽氣生髮往上走，火就走到最高層了。木還是學生，積極上進，還在不斷的追求夢想，代表理想願望。到了火的層次就到達最高處了，就頂天了。代表思想認識的成熟，就把握了事物規律。因此，五行火氣就代表信念、信仰、規律、法則。

這樣我們可以推導出相應的人事物，比如神佛，政府主流，法律法規，科技藝術，自律成熟等等。

(2) 順道而行　克己奉公

火是規律，延伸一下就是敬畏、節制與禁令。因為火懂得了事物規律，做事情就不能隨

心所欲，自然很多違背規律的事情就不敢做了，就產生了敬畏之心。因此，火陽旺的人有敬畏之心。

　　火陽旺的人有信念信仰，有敬畏之心，很多事情是不敢做的。我們拿水來對比一下，水是沒有底線的，什麼事都可以做的，為什麼？因為沒有掌握事物規律，無知者無畏，沒有敬畏之心，就沒有害怕的東西，於是，貪欲無窮，又無知無畏，就沒有底線了。什麼都干，沒有禁忌，果報就很多，因此，水的災難就很多。水陰旺一定要制化，沒有制化，人生這輩子亂七八糟的事情就很多。水火正好是兩個極端。

　　火為道，火順道而行，就講規矩。從國家層面叫法律法規，從社會層面叫公序良俗，從家庭層面叫家規家法。

(3) 光明慈悲　公平公正

　　這些是最主要的，懂得這些之後可以無限

制地去推。火主光明，代表公平公正。光明要傳播，就該用正能量教化影響他人，做這件事情的人，就是官員名人大師。

一個人掌握了規律之後，他一定是慈悲的。(佛教有語「無緣大慈，同體大悲」，無緣大慈就是說沒有任何原因要對你慈悲，同體大悲就是把任何一個眾生看成和自己一樣來對待。)掌握了規律之後，他一定是寬容待人的，他追求的是生命的質量，講究的是奉獻。

(4) 血性剛毅　嫉惡如仇

火代表陽，有奉獻精神，有慈悲之心，如果火太旺了，太過分走極端了，就會眼睛裡不揉沙子，脾氣火爆，彰顯出犧牲、血性、嫉惡如仇的行為特點。

大家知道，人本身大多數都屬少陽，金無足赤人無完人，火太講規矩是不被世人接納的。因此，人與人之間彼此要相互尊重，只要不違法，只要不破壞公序良俗，每個人都有自

己的生活方式。有的人一定會干點壞事，這種壞事只要不影響他人，其實也沒什麼。

(5) 法律法規　社會主流

火是規矩，代表公平公正，那就成為社會的價值標準，成為統治社會的主流，成為約束、管理、教化人的法律法規和公序良俗，成為人們相互和諧相處的道德規範。

一個人是要有信念信仰的，要有敬畏之心的，要遵守法律法規的，只要不陽濁都是好事。因為人太渺小了，一定要有禁令，很多事情是不可觸碰的，這是安全的保障。

但陰旺傷陽或陽濁成陰的八字也不少。八字中如果是少陽主事，木善良，表面追求陽了，告誡自己不要干壞事，不要破壞公序良俗，但總是約束不夠，犯糊塗，經常會犯錯，特別是木見水傷土的，禁不住誘惑，一定會破壞公序良俗的。而火有信念信仰，特別是火旺克金的八字，就有很多的禁令，吃素，過午不

食等等。這些還沒事，最怕陽濁，那就會狂熱的宗教信仰，成了迷信。

　　人受五行氣影響，從八字可以看出一個人的思想行為，火旺就講規矩，太旺了就嫉惡如仇。有些陰旺的八字，走到陽旺的歲運，他也想遵守法律，按照公序良俗去做事，但是陰旺的人是無法自控的，自律能力很差，因此對人不能一概而論。另一方面，人的力量是很渺小的，當陰旺無法自控的時候，就會犯錯，這個時候必須借助於社會的力量，那就是國家法律法規，社會的大環境良好，對這種欲念進行約束，做了就要受到懲罰，他們也就不敢做壞事了。這就是外界環境氣場對個人氣場的影響，因此，正能量的環境是可以改變一些人的。

3. 人：干支

　　下面我們講人道的干支，人就是十干，就是丙丁火。丙丁火是太陽氣生出來的，丙火氣

強,丁火氣弱。

丙火代表火性強的人事物,丁火對應火性弱的人事物。性質相同,人事物代表不一樣。

下面我們來取象,看具體人事物的代表。

(二) 丙丁火取象的五大內容

1. 丙丁火所對應的人

丙火是旺太陽,對應的人很好理解。木是少陽,代表學生,小孩子,修行者,火就掌握了規律,有了一定的智慧,掌握了事物的規律與法則。丙火就代表政府官員,名人大師。

火懂得了規律,成為政府主流,就成為政府官員,名人大師,同時又有一批人做影響教化他人,比如教師、科技工作者、醫生、修理工、機械師等。

我們平常說,科技興國,科技改變社會,這就是火克金,科技帶給人們現代化的文明生活。

火主貴，火是陽團隊的主體，領導者，中心人物。如果一個八字火得用的，一般都是團體的中心人物。我們從各方面來推一下，社會叫政府官員，民間叫名人大師，家庭叫中心人物，單位叫領導。木叫出人頭地，特別是甲木，頭腦聰明，還有一定的小小職務。丙丁火陽氣足，不是出人頭地，而是公眾人物，比如領袖，以正能量的方式頭露面的人，什麼樣的人事物都出來了。

火懂規律，可以治病，可以修理，如果一個八字帶點金水，火又不夠旺，就是修理工。如果火旺金旺，那一定是這方面的技術人才，白骨精。搞科研也是這種象。

做生意也是這種象，金旺見火的人，特別是丁酉，賣精品的象。

2. 丙丁火所對應的事及物

火是光明，火代表能量及傳播，代表光電

能的開發使用運輸傳播。

火是主流，代表政府的事情，國家的事情。代表政府政策，法律法規，公序良俗，道德規範。公序良俗除了看火，還要兼帶看土。

3. 丙丁火所對應的身體部位

丙丁火對應的身體，這在古書上都有的，只是我們現在有了更深刻的認識。

比如丁火對應眼睛與心臟，這代表人身體機能的能量與光明有關，相當重要的器官。眼睛是看的，尋找光明。丙火代表視力，代表眼睛漂亮、明亮。丁火代表眼睛的實體，如果丁火受傷，往往眼睛就不好了。包括甲木見水，甲木裡面有丙火之氣的，水旺往往就是近視。

火主光明，陽氣足就漂亮。漂亮的三種類型：一種叫木火通明，漂亮。一種叫天生麗質，甲木見水，大美女。一種叫火克金。漂亮都與火有關，甲木也靚，甲木裡面有火氣的，

但真正漂亮木要見火的。

火代表前額，火旺得用的人，特別是丙火，前額很亮很寬。看面相人叫天庭飽滿，前額寬大就有智慧，火就是智慧。

火看人的精神，主要看丙火。木是思想、想法、看法，還在初級階段，是知識廣度。而火是信念信仰，上升到規律層面了，那就是深度的智慧。

總結一下，火看眼睛、心臟、智慧，還代表小腸。

4. 丙丁火所對應的社會分工

火代表官，十神裡面叫正官偏官，丙火叫偏官，丁火叫正官。偏官不是指級別的高低，是指處事靈活，比丁火的級別還要高。丁火比較循規蹈矩，方方正正，不亂來。雖然思想靈活、行為專注、小心謹慎，最適合於當官，但太守規矩了，就不懂得變通，缺乏了魄力。偏

官就很有魄力。氣干大都有魄力，氣主外，喜歡闖蕩，開拓創新。形干塵埃落定，小心謹慎。

官是什麼，官就是「管理」，一個人要想管理別人，一方面要懂得人事規律才能管理別人，必須自己先成才，沒有金剛鑽別攬瓷器活；另一方面，必須克己奉公，公平公正，自律還不行，還得從別人出發，從團隊整體利益出發去考慮問題，才能把事情做好，這個特點就是五行中的火的特性。如果是木，他的陽沒有足夠旺，懂得的規律還不夠深刻，頭腦還不夠智慧，有的也管理，是小職務，但大多數是上班的職員。到了火，直接定位為官。

陽主尊，火主官，要克己奉公，克己，先打造自己，再管理他人。管理是什麼，管理是服務，服務他人叫奉公。

（三）木火向陽，木追求天道，火通天道

下面說明一下，有了這種思路之後，五種五行就比較好推導了。木火屬天道，越高級越簡單，金水就相對來說複雜得多。

這裡說的簡單是相對于金水來說的，木火特性簡單，實際要把木火特點悟透了很不簡單。木火是天道，天道屬陽，規律不大容易變化，相應的規律不太複雜，這樣的簡單，但悟道的過程是很不容易的。

根據天道的規律可以把木火歸納在一起，既然通天道，那我們就按照天道的規律來推導一下，木火的人是懂得規律的，木火的人是善良慈悲的，因此，木火得用的，往往去當領導，去管理別人。

人要想成功，得注重兩個方面，一個是內成長，就是木火的本性體現，要先有本領。一個是外使用，就是金與水的體現。有本事之後，就要到社會上去做事，去干活，去參加社會的競爭，去成家立業。後天融入社會之後，參加競爭，那一定要遵守規矩，公平公正，這就要在陽的引領下去競爭，否則就會犯錯

誤。因為金水沒有制化，就代表殺戮，戰爭，這個社會就毀滅了。

後天就是進入社會，成家立業，就是為了名利而奮鬥，如果沒有了公平公正，社會就亂了套了，沒有木火的引領，最後社會就走向毀滅，這就是木火的作用。

總之一句話，社會要健康發展，木火主導精神領域，方向不可迷失，讓社會走向光明，存有溫暖。

第三組　戊己土

(一) 戊己土取象的三個步驟

1. 天：陰陽

(1) 戊土向陽　己土向陰

要把握土的特性，許多人感覺很有難度。木火金水可以通過陰陽氣來確定其屬性，而土是地球，本身沒陰陽，不屬天道，不好把握其性質。

怎樣認識土的特性呢？要認識土，就要知道土與什麼有關，土是地道產物，在地球上起什麼作用。

地球的主要功能是承載萬物，載陽成陽，載陰成陰，土分戊己，戊土向陽，主要是向丙火，己土向陰，主要是向癸水。這樣一分很清晰，戊土當丙火的陰陽看，己土當作癸水的陰陽看。

2. 地：五行

(2) 承載包容　踏實穩定

從地道來看，地球的本氣就是土氣。地球的功能為承載，地球是個平臺，表現出穩定性，踏實性，包容性。人要生存就離不開地球，土就又表現出世俗性。

土是世俗性很重要，生活就得腳踏實地。如果八字土受傷，或者土氣是死的，他的生活必然變化不安。他往往無心婚姻的，一心向佛

向道的，脫離了生活現實，不食人間煙火。一個八字如果土為忌，同樣如此。

知道土的這些特點可以繼續往下推，為了讓土性更加明顯，我們比較著來看戊己土。

(3) 戊土公用　己土私用

戊土什麼性質？包容寬厚，有極強的生活意識，團隊意識，平臺意識。它起到橋樑的作用，做中介，善調和。戊土象大管家，如果八字戊土得用者，往往是個大家庭，成員之間相互比較和諧。戊土能夠包容調和，彰顯寬容忠厚、樸實真誠。

戊土向陽，是個大平臺，己土向陰，是個小平臺，呈現癸水特性。這個平臺載了金水，不適應這個平臺的五行就載不了，包容性不強，平臺相對要小一些。己土叫個人小家庭，或者小團體，很實際，以獲取利益為準則，表面上和什麼人都能交往。天性明白生活的真諦，擅長搞人際關係。如果沒有利益，那就會

很冷漠,讓人感覺有點勢利,其實這就是癸水的特性。

(4) 戊土集中　己土分散

戊土主聚,己土主散。戊土心性寬厚,包容性強,從而形成一個大家庭,相互和諧。己土包含癸水,水土混雜,心性比較自私,不容木火,要從大家庭裡面出來,喜歡分家。

己土還有克水的功能,大家庭散,小家庭聚。小家庭人員不多,但目標一致,行動神秘。八字中己土旺,特別又是金水旺的,很容易離婚,或者金屋藏嬌,十有七八。單位有小團隊,小幫派,交往有私人會所。己也代表小金庫,私房錢,搞得比較神秘。這都由己土特點決定。

(5) 戊土聚神　己土神散

這個特點還是上一特點的延伸,戊土護火,火的集中力好,而己土向陰,注意力容易分散。

己土日主或己土旺的，又金水旺而缺少火的，或者缺少陽氣的。這個人在世俗生活中瑣碎的事很多，很難靜下心來去專心做一件事。金水旺，特別是水旺的，己土人的專注力不夠，或不能集中注意力。因為己土當癸水看，而水是流動性的，水代表散，火代表聚。

己土為什麼當癸水看，土是大地，播種什麼就收穫什麼，己是金水的平臺，不是一家人，不進一個門。所以己土瀉火能力強，丙丁火弱特別是丁火遇到己土，往往體現有災，且注意力不能夠集中。除工作忙碌，家務事也多，即使事務清閒，他也不能集中注意力，己泄丁火厲害，哪能集中注意力。因此，戊土神聚，己土神散。

(6) 戊土粗放　己土細斂

這一條偏重於處事的方式，戊土處事粗放，己土細緻收斂。

戊土屬陽，家庭大，管理起來粗放型，而

己土細緻。原因多多，一方面己土主散，平臺分散，又不穩定，另一方面陰旺事情本身就多，生活雜事多。己土人生活很瑣碎，什麼事情都要操心，都要親力親為。

土叫管家，戊土起到橋樑作用，中間調和即可，己土很多細節都要做的，己土也叫家務。

己土家庭事務多，煩心事多，就愛抱怨，特別是陰旺的己土抱怨多，遭人厭。己土再陰過旺時，為了名利容易成為牆頭草，當面一套，背後一套。因此，己土雖然善搞人際關係，特別與自己有利益關係的都能交往，但真正的朋友很少。

(7) 戊土順暢　己土阻滯

這個特性偏重于行為方式造成的結果，戊土護陽，成為火的貼身衛士，為火的光明傳播、公正文明搭建平臺，因此，工作事業各方面比較順暢。不只是在人際關係上表現出和諧

順暢，更重要的是身體氣血流通順暢，因為戊土克水比較徹底。

在工作事業上，己土沒有戊土那麼順暢，因為己土雖然也能克點水，但洩火比較厲害，丙丁火見了己土，尤其是火弱的，往往就會造成眼睛、視力、心臟等功能受影響。己土在氣血運行上也有很大弊端，往往造成瘀滯，從而產生比較難治癒的疾病。

一個八字陰旺己土多的，比如己土丑土未土多的，稍稍帶點陰旺的，克水克不盡，經常會得難治癒的皮膚病、腫塊、結石。女命對應婦科病，腫瘤為代表。

3、人：干支

從人道來說，土的旺氣是戊土，載陽；土的弱氣是己土，載陰，或者說，己土裡面是水土混雜的。

(8) 戊土敞亮　己土神秘

己土裡面是水土混雜的，水主名利，己土要克水追求名利，水土混雜，克水是克不盡的，瑣碎事多，於是就經常抱怨，社會俗稱「怨婦」，但己土內心並不敞亮。

戊土心性一般比較敞亮，敞亮指心誠，不喜歡藏著掖著。己土則容易把東西隱藏起來，有個成語叫敝帚自珍，搬家的時候，哪一樣東西都捨不得落下。日常生活中，己土人有小金庫，金屋藏嬌，私人會所，收藏家，己土喜歡收藏東西。

不僅如此，己土人還很神秘。八字中如果形干多的，己土再見到乙丁辛癸中的其他形干，就更加如此了，形干本身就小心謹慎，再與己土相會，那就更具有這個特點了，神秘，稀奇古怪。

(9) 戊土誠信　己土防備

繼續往下推，戊土克了水，向陽，偏向於公共平臺，相對來說就成為集體的場所，大家

都可以使用，人人不用防備，體現誠信。

己土旺喜歡隱藏，有點自私心，加上形干彙聚，更小心謹慎、保守，陰比較旺者，怕外人知道，小心保守到了極端就不會信任任何人。這就體現出神秘古怪，自然就有了「防備」之心。

這裡強調一點，這些土的特性講到這裡，大家有沒有一個感覺，其他十干的本性基本是相同的，比如甲乙木，都體現出少陽氣的特點，性質相同，強弱有別。而戊己土性質差異很大，甚至有時候是相反的。

強調另外一點，為了把握戊己土的特性，我們比較著來講了，但在八字的實際體現中並不是千篇一律的，由於字碰字不同即受外界環境的影響，有些特點是會變化的。

戊土向陽，就具有陽的特性，寬容忠厚，真誠樸實，比較穩定；己土向陰，就具有陰的特性，顯示分散阻滯的特點，以利益為標尺，

甚至有點自私。己土如果轉化為戊土，就不自私了，不但不自私，而且善於處理人際關係，人也大方。

己土向陰，帶有癸水的性質，自私小氣，還很神秘，人生的事情特多，注意力不集中，而當己土遇到陽了，陽又偏旺，這個時候的己土就可以專注了，比如己土遇到甲木了，己土遇到旺火了，己土在夏天了，己土就能專注了，己也偏向于陽的特性了。

因此，戊己土會隨著陰陽的變化其特性也是可以相互轉化的。

下面我們來看戊己土取象的內容。

(二) 戊己土取象的五大內容

1. 戊己土所對應的人

　　土的本性瞭解了，下面我們來看戊己土對應的人。

土是農人,土是來生長萬物的,土克水制陰是獲取名利的。如果命局中土旺為忌,或者土的作用不是很大,一般就是農民,或從事與農業有關的人。

土是平臺,戊土代表傳承,戊土是丙火的秘書,是丙火的化身。八字戊土得用,載丙丁火的,一般搞培訓教育,戊土就是講臺,是教師象,或者是某種文化的傳人。戊土制到水的則是有錢人,要麼做生意有錢,要麼得土地資源,也有當法官的,主導公平的有權人。

土是中介,包括戊己土。其中可以取出很多象來,譬如,當許多行業的中間人,或者是搭建平臺的人,或者是物業的管理者,小管家,事務比較瑣碎的是己土,大的平臺場所基本上都是戊土。

土是家庭主婦,家庭主婦往往是土金結合,土的作用不大,又見點水,水又不旺的,水旺的早就外出闖蕩了,這種情況往往是家庭

主婦。如果命局組合好還有火克金的,家庭很富裕,主婦起管理作用,外面是有人干活的。不管是戊土還是己土,土得點用見了金或者火的,大部分承擔了管家性質的角色。

土能制陰,土能克水,取象老師、醫生、清理道路綠化環境的清潔工。

我們繼續推,土是平臺,中間人,如果陽足夠旺,比如戊土,具有了丙火陽的性質,代表公平公正的中間人,那就是公檢司法部門人員。組合也是土克水,這種治陰的功能要高很多。

2. 戊己土所對應的事及物

下面聊一聊戊己土所對應的事及物。

土代表土地,田產,如果一個八字土得用,那就可以得房子、家產或者是因為田地而大發財。

土是平臺,承載萬物,代表一個團體的穩

定性。比如家庭的穩定、溫暖、單位的長久穩定。

土代表教育傳承，土克水組合是分等級的，一方面，土是中間人，傳承文化，土能制陰，土來打造陰就是老師、醫生。當然土克水組合最好的就是大老闆，制水獲利發財。

土是平臺，就跟搭建平臺的事情有關。比如土代表家庭，就與家務有關，與家庭的溫暖有關，與家庭的穩定性有關，與家庭成員的聚散離合有關等等。

土是田產，土能克水，制陰避寒，就是房子，保護我們的，因此，房地產一定與土得用有關。房地產是商業，離不開金。如果是房子，那就是土木，大學裡建築專業有土木工程系。買賣房子與金有關，比如買賣商品房，那一定土金為主。房子如果是自己住的，偏向於木。

土代表服裝，做服裝生意的，土一定得

用。土在身體指皮膚，皮膚可以保護身體，衣服除了保護身體溫暖外，還給人漂亮。如果買的衣服檔次高，一定是戊土得用，如果己土一定要見火變成戊土。

總結一句話，土的特性所顯示的事情主要有土地的、家務的、傳承的、中介的、制陰的、公平公正的幾個方面。

3. 戊己土所對應的身體部位

土所對應的身體部位有以下幾個方面。

土代表皮膚，土旺為忌的，戊土乾燥發癢，己土為忌也得皮膚病。

土代表免疫系統，這是其他書上沒有的。土是護陽制陰的，有自我淨化的功能，具有阻止病毒入侵，保護身體的功能，就是免疫系統。八字水木成勢克了土的，這是標準的陰旺傷陽，免疫系統遭破壞，一般情況下，就會有腫瘤、白血病、尿毒癥這一類惡疾。

土代表身體的完整性,這以前書上也見不到。土是平臺,如果陰木傷了土的,身體的完整性遭到破壞,就是殘疾,例子隨處可見。

乾造:乙亥、己丑、甲辰、乙亥,傷災失去雙臂的乞丐。

乾造:癸卯、乙丑、戊寅、癸亥,水木一片克土,小兒麻痹症。

乾造:壬寅、癸丑、戊寅、乙丑,意外事故失去一隻手臂的老師。

這些都是陰木克土,如果再傷陰傷陽的,那一定影響到壽命。

再延伸一下,如果木克土不嚴重,木克土沒有見水,或者火有點小通關,土傷得不嚴重,那體現出走路不穩的特點,或者有恐高症。

土代表臉面,比如鼻子。

土代表脾胃,土是中間的,起到運化功能。脾胃很重要,後天吸收能量所需。

4. 戊己土所對應的社會分工

　　土是農人，土的作用不大一般是農民，土是平臺，是最基礎原生生態的糧食生產。

　　土克水組合好的是大老闆，大老闆要大平臺，需要很多人，一般戊土克水能力強。一般傳承的，制陰的，有教師、醫生、清潔工。還有管理能力的領導、管家。

　　土的知識點掌握這些就夠了，最重要的是要去應用，如果沒有實踐是沒有實際價值的，希望多多運用。

第四組　庚辛金

（一）庚辛金取象的三個步驟

1. 天：陰陽。

　　庚辛金在天道對應少陰氣，地道對應秋天金氣。陰陽氣排列含量是這樣的：外陰內陽；秋天從夏天過來，陽消陰長，陰氣剛出來而量

少，陽下降但量多。

陽主先天內成長，陰主後天外發展。

少陰氣的陰氣生髮，代表要進入社會，去開創人生。木是小孩子未成年，金就是成年人，有了一定能力就要開啟人生新篇章了。

2. 地：五行。

(1) 性情穩健　才干體現

地道五行氣體現一個人的心性，理想，追求。木氣旺，喜歡學習，安靜，善思考，注重內成長。金氣旺，喜歡闖蕩，外出掙錢，注重開拓與發展。金要把知識應用出來，產生經濟價值，去掙錢，金就代表技術應用。如果一個八字金旺缺火，那一定不愛學習，但喜歡做事。

金氣代表成熟，各種收穫。代表金錢，物質利益，代表珠寶首飾等等。

(2) 外表冷漠　內在成熟

金氣又主收斂，代表肅殺之氣，無邊落木蕭蕭下，萬物凋零。在人身上體現一種理智，但沒有了生髮之機，人顯得冷漠。金代表規矩、法律、規章制度，這個都是冷冰冰的東西，執法人員表面上都象很冷漠的機器。

金代表開創，開創就要先破後立，顛覆破壞後重建。代表收割、開創、顛覆、建設。

(3) 活在當下　快樂無憂

我們繼續延伸，在人身上體現出理智、規矩、重名利、重物質，金還代表現實，金叫活在當下，「開心快樂每一天」。

活在當下，首先要解決衣食住行，金就喜歡享受。特別金旺見火的人，吃的穿的都比較精緻，如果火不旺或者見水了，金只要不是廢金，這個人就好享受，掙了錢先吃好喝好，開開心心。

金代表快樂，特別是辛金，見了水叫辛金

笑盈盈。不開心往往是人充滿了憂患意識。如果一個八字木火旺把金傷掉的，那不但不快樂，往往會得抑鬱症，嚴重者甚至想自殺。特別是木進水後，滿腦子的胡思亂想。

(4) 奮鬥開拓　喜歡競爭

金活在當下，喜歡享樂，喜歡物質。喜歡物質就要去獲取，於是金喜歡奮鬥，開拓創新。喜歡競爭是金最大的特點之一。

金木代表人生的兩個方面，木代表溫暖人情味，家庭的溫暖，人與人的和諧，這些都是還沒有進入社會，先天的特性。當人進入社會後，就是金的特點，到社會去獲取名利，資源又這麼少，於是就要競爭，相互產生矛盾，進行鬥爭，升級以後就不擇手段，掠奪，競爭，殺戮，戰爭，充滿了殘酷與血腥。金性的肅殺之氣，競爭的本性就全部顯示出來了。

(5) 見火公器　受傷避世

金為競爭，如果八字火太旺抑制了金氣，

這人就淡泊名利，喜歡宗教，喜歡藝術。如果火太旺，金受傷了，這人一定與社會不相容，或者社會現實他接受不了，看不慣。命局組合不好的，就會得心理障礙，或者抑鬱症。組合好的可能出家，信仰宗教，通過其他方式來緩解。

為什麼火旺金傷的要出家，家庭子女事業都不要了，一般人想不明白。這在八字中往往金土兩傷，金受傷，沒了現實的快樂，木這個時候趁機克了土，這人在社會上就沒有立足之地了，土金受傷的大都避世或出家。

還有一種土太旺為忌了，過不了世俗的生活，也出家，土代表世俗生活，人間煙火。

總之一句話，金代表進入社會的現實生活，就是現實人生。

3. 人：干支。

庚辛金是地道的金氣化生出來的，強氣為

庚，弱氣為辛。二者的區別還是比較大的。

(6) 庚金皮實　辛金脆弱

庚金是強少陰氣所生，身體素質是最好的，因為要去社會闖蕩，開拓創新。辛金是弱少陰氣所生，代表成型的金錢、好產品。

在人道來說，通過競爭去獲取物質財富，作為生活的物質基礎，要競爭得有競爭的能力，庚金具備，要麼競爭之後得到金錢物質，辛金代表，二者都是人世間需要的，金自然是人世間要具備的必備條件之一，國家政府社會個人都需要。

金叫公器，經過打造後，成為政府雇員，為大眾服務。甲木也是政府需要的，代表文職人員，庚辛金主武，代表執法人員，甲庚辛都最容易成為公務員。

庚金比較豪爽粗野，辛金相對比較脆弱。當二者見到火了，庚辛金見火跟著政府走，庚金執法，辛金主內物質類文職。辛金見丙火

好,辛金怕丁火,如果有水護衛再見到火權利大,就更厲害,比庚金還厲害。

辛金是好東西,好東西大家都喜歡,好東西也最脆弱,辛見到丁打造,人很愛打扮化妝,但外表剛強,內心脆弱。辛金見到丁火最容易受到傷害。

(二)庚辛金取象的五大內容

1. 庚辛金所對應的人

金代表後天,對應的人很好取象,代表進入社會、參與競爭、獲取名利的人,一個活在當下、享受生活的人,一個注重現實、努力打拼做事的人。

金代表商業化,不大善於思考,而善於做事。代表經營者,代表執法人員,代表生產加工的工人或企業家,代表技術維修人員。

如果金受傷了,首先,吃喝會受影響,火克金導致金受傷的可能要吃素,金受傷或太

旺，飲食出問題，十有八九糖尿病人。

金傷得再厲害些，與社會格格不入了，就是天天在家裡拜佛念經避世的人。或者成為出家人。

金代表現實生活，金受傷就代表現實生活受影響，工作收入婚姻家庭配偶子女都受影響。金受傷無水救，代表收入不高，經濟困難。同時影響到婚姻，宮位在月日的金受傷輕微的，代表夫妻經常分開，或者離婚。受傷重的，那就是沒有婚姻的人。特別命局中酉戌相害沒救應的，沒有婚姻。

如果受傷不嚴重，或者有救應的，夫妻不分離，感情會遭受挫折，或者配偶有病。

2. 庚辛金所對應的事及物

庚辛金所對應的事及物比較簡單，代表後天的事及名利物質。金代表工作、收入、吃喝、婚姻、配偶，代表陌生的人事物，或者與

自己有經濟利益的人事物。

金見水，代表賭博、喝酒，庚子年因為壓力大而許多人喝酒減壓。金水也代表投機賭博，家庭動盪。八字金水旺，經常往外面跑，忙碌不顧家，如果再傷了木，那就影響到家庭的穩定性，金旺要見火。

金旺見到火，家庭富裕，火主貴，金見到火，再配個木，那就既富又貴。

3. **庚辛金所對應的身體部位**

金是最堅硬的，首先代表骨骼，如果金旺傷了木的，或者金太旺為忌的，骨骼瘦小，嚴重者就是侏儒症。

金代表牙齒及脊柱，金受傷的，十有八九牙齒不好，骨質增生，或腰椎頸椎不好。

金與外界接觸，代表身體的外面，就是皮膚。八字金傷或金旺為忌的大都有皮膚病。

金代表呼吸系統，與外界溝通交流的肺。

金代表說話能力，金受傷代表說話的能力比較差。金弱體現為啞巴或者口吃。

金代表大腸，代表腰腿，金受傷大多腰椎有問題。金旺傷了木的，這個人的腿有問題，車禍還很多。

總結一下，金代表與外界競爭最密切的身體器官，發力要靠腰，金有問題，腰疼就出來了，還有皮膚，骨骼，肺，發音器官等，大家可以繼續推。

金出問題，代表吃喝有問題，糖尿病。八字金得用特別是金見水再配個火的，一輩子很享受，吃美食，喝高檔酒。金見火了，當火比較旺時，吃的東西精緻，但吃的少，吃一點就夠了。當金見水了，水陰足夠旺無制化，檔次不高，吃喝隨意，愛享受，什麼酒都喝，說明金與人的腸胃有聯繫。

金代表腸胃，金弱的特別在冬天，這個人腸胃一定有病。金有病了，讓你享受不了，稍

不留神就腸胃出點毛病，拉肚子是常事。

4. 庚辛金所對應的社會分工

　　金代表國家工作人員，古代叫「士」，金見火的，叫公器，就是公務員，比如公檢司法院、軍隊、安保。

　　金代表生產加工，社會要文明必須以物質為基礎，這就需要很多企業工人，其中組合好的，就是企業管理，技術骨幹，白骨精。最容易成為公務員的是兩個字，一個是金，一個是甲木。乙木陽氣太弱了，沒有見甲或火或戊，不太容易成為公務員，除非成了格。因此，年月金木得用者，就是公器，最容易成為公務員。

第五組　壬癸水

(一) 壬癸水取象的三個步驟

1. 天：陰陽。

　　天道水氣是太陰，狀態最旺，上下都是陰氣，叫太陰，也叫老陰。

2. 地：五行。

　(1) 了無生機　寒冷黑暗

　　　地道還是五行水氣，外面包裹三分之二陰，代表冬季，特點寒冷收藏，生命了無生機，一片黑暗。下面我們根據這些特點來看看在人身上的對應。

　(2) 內心消極　性情冷淡

　　　水寒冷黑暗，了無生機，生命力奄奄一息。當陰沒有被陽平衡的時候，體現出性情冷漠，內心消極。陽代表光明，代表方向，沒有了光明與方向，這人就失去了動力，沒有上進心。

(3) 混亂無序　沒有底線

　　陽代表規矩，秩序。老陰寒冷黑暗使得陽氣微弱，沒有規矩，一切很隨意，體現出髒亂差的特點。

　　五行水代表魔道，底層，動物。是黑暗寒冷的地方，生命力極易受到侵害。八字水陰沒有制化，成為最不守規矩之人，行為沒有底線，家裡髒亂差。

(4) 適應力強　行為善變墓

　　沒有底線就善變，褒義詞叫適應能力強，聰明，隨著環境的變化而變化。貶義詞叫任其自然，當沒有陽打造的時候，那就是懶散。

　　過日子要有陽來引領，有方向感，有使命責任感，要有規矩規劃的，水陰旺無制就是混日子，俗稱「混混」。人生缺少激情，不求上進。

　　如果水陰有制化，那是最勤奮的人。人往高處走，水往低處流，水在底層，什麼苦都可

以吃，因此也是最辛苦的人，如果一個八字有土卻制不到水，那就辛苦一輩子，到最後還是不富裕。

(5) 自私收藏　被制分沾

水寒冷，代表收藏，體現出隱蔽、神秘的特點。水陰無制化者大都喜歡把東西藏起來，特別是癸水。癸水見了木，有點制化的，就特別喜歡神秘文化。

癸見木就是神秘，如果陽不夠旺，特別是火弱的時候，人很小氣。陽是釋放，注重精神，把物質都釋放掉了，陰就代表收與藏，就是金水的象，金為豐收、收割，水為收藏、佔有。金水是後天的生活，進入社會要充滿了競爭，未來充滿不可知性，並且要以物質為生存保障，那就得儲備，有備無患。社會資源少，就要競爭獲取，收藏起來。

這就體現出人性的本質，天道屬陽，本性卻陰多陽少，金水都有收藏的特點，如果有了

陽的制化，懂得了世間道理，陰陽平衡了，就會與人分沾。這種分沾與心甘情願的分享有點區別，是有目的地去獲取更多更大的利益。

(6) 陽之死敵　魔性疾患

資源有限，水無制的時候，就要想盡一切辦法去控制佔用，人心的魔性就出現了。為了謀取利益，那就不擇手段，偷盜，搶劫，欺詐，控制，佔有，沒有底線的無節制地獲取，就會觸犯公序良俗，道德規範，法律法規。

水陰人如果傷了陽，就體現出這些象，嚴重一些，就官非牢獄，至少人生不平順，動盪不安在所難免。

不擇手段進一步上升，就是控制佔有，災難，殺戮，疾病，死亡。

這裡說明一下，八字是有特殊格局的，例如金水一片或水陰一片的半太極也可以得名利的，除了這些特殊格局，一般情況下，水陰旺都需要制化，制化不徹底傷害陽的，都有傷病

災體現，輕重看傷陽的程度。

以上這些都是水的最大特點。

3. 人：干支。

人道的干支是壬癸、亥子水。壬水是強水氣所生，癸水是弱水氣所生。要是沒有制化，壬水的災難就會重于癸水，有制化的時候，壬水的名利也比癸水大得多。

夏天陽需要陰來平衡的時候，癸水太弱，代表的人事物容易有問題，容易生病，眼病，心臟病，白血病，癌症等，因為傷癸重就陽濁了。

如果癸水是用神受傷，是日主的災，如果不是用神受傷，沒有破壞整體陰陽平衡的，那就是六親的災。

（二）壬癸水取象的五大內容

1. 壬癸水所對應的人

金水代表後天，後天指人進入社會為衣食

勞碌奔波的人，最辛苦的還不是金，而是水。

水代表流動的人事物，水旺無制化，代表顛沛流離，到處奔波的打工人。為了溫飽謀衣食的人。

如果水有制化，最差的都是生意人。水在古書上也有定位生意人的，金木相沖為物物交換，為了低買高賣賺取利潤，生意人就要把貨物流動，人生自然就會到處奔波，辛苦異常。因此，水流動中產生效益，就是錢，利益，資本，權利……

水的這些象我們可以繼續推，為了謀取利益與社會接觸最緊密的人，制化好的叫資本家，經濟的昇華就是政治。水也代表民眾，陽土能克水的如辰見木火，得一定天時就是政府官員，級別低的為村官及基層幹部。

一般情況下，水代表經濟，經濟為政治服務，就是政治家，八字中水旺得用組合又好

的，大都與經濟金融有關，水有制化得大財，沒水有水庫也行，比如辰庫。辰庫得用，要麼是大工廠、大機構，要麼是做大生意之人。

水無孔不入，尋找一切機會去謀取利益，投機分子，投機商。

水是漂泊不定的，沒有制化的就是流浪漢。

水與火相對，是火的死敵，顛覆社會的人，代表罪犯，戰爭狂人。

水的沒有生機，代表邪魔，人的代表是木，水比人的層次還要低，就是動物，或者有靈性的東西。或者這個人還沒有開啟智慧，像小孩子。

八字水木旺，人很隨性，過分了就是任性。平時我們罵人，腦瓜子進水啦，一根筋，不開竅，中邪了，八字大都如此結構。

八字整體陰旺，木見土了，沒有見水，問題還不大，特別是木見水又克土的，那就很多

附體，神漢，神婆，狐狸精附體等。

木旺見水之人，不嚴重的多為投機客，比如甲木，天生聰明，水又佔用欲強，甲木旺被水陰控制之後，這種佔用資源的欲望就被激發出來了，喝酒，賭博，炒股等情狀都時有發生。木化水還能搞財務，腦瓜子進水後，欲望強烈就善於貪污，聰明反被聰明誤。

2. 壬癸水所對應的事及物

水沒有制化，代表的人事物大都不好，比如最底層的、混亂的、邪惡的、貧寒的、死亡的、沒有秩序的事及物等等。

水的這些特點很多，代表黑社會，代表髒亂差的環境，代表疾病蔓延，缺乏良好秩序的混亂場所。水有制化，代表做生意，組合好的還搞政治、做金融。

水代表資本、資源、政治，水陰旺而制化不太好後，表現出與這方面有關的事情。舉個

例子,有的人雖然不是政治家,打打工,上上班,但他們卻特別關注國家大事,國內外的新聞。

水代表動物,代表與此有關的一些事情,子卯刑,容易被動物嗜咬過,類似老鼠蝙蝠類小動物。命局有亥得用的,寅亥、申亥組合的,還有養豬的、販賣豬的。水旺有土克的命局,可能做生意,也可能養動物而發財。有木化泄水的人喜歡養動物,有土克水的也有獸醫。

總體來看,水是災難的代表,比如疾病,貧窮,災禍,動盪,思想消極,行為偏激,常常損害他人及公共利益。

水陰旺沒制化的八字,要麼窮,要麼病,要麼兼而有之,亂七八糟事情一大堆,特別是冬春季節出生損陽的人。

3. 壬癸水所對應的身體部位

壬癸水代表後天，代表名利欲望，能量強大。為用者大富、資本家、有權利的政治家，身體部位代表下面的、與外界接觸最密切的、隱藏起來的身體的部位與器官。

水代表腎臟，腎臟的能量相當大，人體最大兩大器官，火為心臟，水為腎臟。

水主流動，水代表腿，金代表腰，金水旺的八字，一輩子走動特別多。木代表手腳，如果陰旺木進水了，這人手腳必有病，嚴重的風濕，或者手腳的功能有問題。

水主流動，代表體液，如果被阻滯則循環系統會生病，八字有子丑，或者子未害的，大多有腫瘤，或有結石。

丑土比較特別，陽旺的時候需要水，丑土克水，陰旺的時候需要克水，丑土克水但也泄火，對陽沒有多大好處，陽弱時候比較害怕丑，特別丑在日時柱的，女性代表生殖系統，

子宮有肌瘤。丑土也代表腦血管，代表腦部疾病，子未害也一樣。

陽旺的八字，水受傷了，腰腿要出問題，走動受影響。

水也與眼睛有關，比如夏天水受克，水出問題了，陽濁了，眼睛、心臟出問題了。

大家可以按照這種思路繼續推其他的身體部位。

4. 壬癸水所對應的社會分工

水得用的社會分工很多，主要是商人，當官從政，管理教育，人力資源，治療治理，處理危機糾紛等。古人的經驗，水主經商的人，八字水得用，又有金或者甲木者，有政府部門官員，主要是抓經濟或者搞政治的。

水木組合木旺化一點水陰的，主底層的手藝人。

土水組合，水旺得用陽土克水的，大都與

執法部門有關，公檢司法院的，特別檢察院的很多，也包括村官。

水陰有制化的，還有當老師的，做教育工作的，看管犯人的。

當然這些的級別還不夠高，組合級別高的，有格局，有太極的，要麼政治家，要麼資本家。

到現在為止，我們把十干系統地學習了一下，希望大家仔細領會，然後為學習先天太極、字碰字打下牢固的基礎。

第十一章 十二地支本質特點及其作用

【本節主要內容】

一、認識地支在論命中的重要意義。

二、懂得地支的本質特點及其作用。

三、熟悉地支取象的幾個角度。

一、十二地支的概述

（一）什麼是地支，認識地支的意義

簡單來說，地支就是天干之家。家庭成員的生性特點、能力脾性、陰陽特性等都受這個家庭大環境的影響，反過來說，成員之間的相互關係共同構成這個家庭，十二個地支，十二個家庭，每個家庭千差萬別，產生的人員特點不同，輸出的功能也不一樣。

我們認識地支內結構的目的，就是為了把

握各個家庭的主要特徵，熟悉人員構成、相互關係、脾氣性格，以便給斷命取象找來依據。

(二) 地支的主要表述

地支通根在生活中表現為：地盤、根基、後臺、實力、歸宿、歸屬等，這些都是地支實質性的表述。

自古以來，人們對地支的稱謂各不相同，但都不外乎以下幾種，譬如，地支是天干的承載、出處、家庭；地支是人事活動的平臺、活動場所、生存環境；地支還代表各自的方位、生存的自然環境、出身根基等等。

(三) 地支對論命的價值

1. 地支是天干的通根，是判斷天干旺衰強弱的主要依據之一，旺衰強弱是萬法之根基，也是斷命大廈的基石

地支是十干之家，干支的旺衰依據之一，通根的本氣根、中氣根、餘氣根不同，天干力量的大小也不一樣。旺衰指的是力量的大小、

實力的強弱、黨眾的多寡、根基的深淺。

在此基礎上，真正理清干支的旺衰強弱，才有各種推斷吉凶的評判，各種富貴貧賤、壽夭吉凶的萬象才能取出來，於是才有各種判斷方法，所謂的旺衰平衡法，形法格局，氣法格局，先天太極，後天太極，因此，我們要深切懂得通根的重要性。

2. 地支是確定氣法格局中格局成立的關鍵之一

判斷一切法則的根本之法，就是中和，中和就一定運用到干支的旺衰強弱，負載陰陽的多寡深淺。在許多方法的細節判斷中，地支都是不可缺的要素之一，起著舉足輕重的作用。

比如氣法格局中，判斷格局的真假關，體用找到後，都有通根，要過真假關，根據護吉神抑凶神的原則，如果根基被刑衝破害，根受到嚴重損害，再好的格局也會打折扣，地支在判斷格局成敗中非常關鍵。

3. **地支能夠決定團體人員的數量、性情特點、相互關係、對外界的影響**

平常說，一方水土養一方人，一個地支一般也出現性格大體相同的人事物，所謂「同氣相求」。

比如，寅這個地支，承載的是甲丙戊三個成員，先天都是同家，丙火是中心人物，一般是管理者，戊土是公眾平臺，甲木是丙火的助手，公共辦事機構裡的工作人員，三項加起來，寅就成為了公門。在命局中，如果寅得用的話，一般與在事業編制的人事物有關。

當然這個取像是有條件的，不能寅是陰木傷土陽，我們說的是一般寅為用時候的取象。

再比如，亥被稱為江河，水勢宏大，沒有土的存在，這個家庭裡的人物，一般有這些特點，壬甲都很聰明，甲木天生博才，但往往聰明反被聰明誤，往往被別人忽悠，壬水也聰明，頭腦特別靈活。水木為用的時候，一般搞

文學,易學風水,當記者,有手藝,搞書法繪畫等等。同時,這兩個成員的性情特點一致,喜歡自由,四處跑騰,且喜歡神秘的事物。再往下推,就是欲望多,貪心大,甚至喜歡淫,貪戀財色。為什麼會這樣,所謂的「不是一家人,不進一家門」。

4. 地支之間的作用關係是判斷花花草草的取象依據

這裡只是取象的一個角度,並非是指陰陽層面的陰陽團隊,如果整體的陰陽一定能斷富貴貧賤、壽夭吉凶了。

地支的刑衝破害對取象有一定的參考價值,比如,子卯刑,古書中經常說,是母子之間刑害,相互沒有恩情。生得過分,或生得不夠,從而母子相互的仇隙。於是,命帶子卯刑的命局,就會覺得別人去幫他是應該的,即使別人老是貼心貼肺地幫助他,他卻連聲謝謝都

沒有，也會讓別人覺得付出了，連一點感謝都沒得到。

我們從地支之間的陰陽角度去考慮，一般情況下，是在陽旺需要水的時候，卯把水吸干了，而當陰旺不需要水的時候，水把卯中的陽氣遮住了，露出來的是陰的本性，薄情而寡義。特別是當陰旺發動的時候，當土平臺出現的時候，卯會毫不留情地去克掉土，傷陽帶來的是動盪不安，性情冷漠，傷病災就伴隨而至了。

三刑，大都如此，要麼傷陰，要麼傷陽。其他的作用關係，也是如此。地支是各種作用關係的橋樑之一，取象非常關鍵而直接。

5. 地支是查看人員落實取象的重要平臺之一

從天道陰陽在地道落實的宮位來說，月令是天道的行宮。月支是天道布氣落實陰陽的落腳點，或者驛站。月支藏干人員透出與否，是

傳統子平命理取格的重要依據之一。

從判斷干支旺衰角度講，月氣決定了十干接受氣的旺衰程度，當令而旺，得令而相，順令而休，受令而死，逆令而囚，是判斷干支旺衰的重要依據。

從命局宮位來說，地支是六親及級別層次的定位依據，年月代表國家政府，月柱是當地政府，工作平臺，原生家庭，日時是自己的生存環境，行為習慣，日柱是自己的家庭，日主與配偶的各種情況，時柱是子女的宮位。

從身體的部位來說，地支的作用關係，是判斷病情的取象之一，寅巳申三刑為忌者，大多是金出了問題，脊柱、腰、牙齒等金所代表的部位有問題。

子未相害者，往往腎、心臟有問題，個別還累及脾臟及眼睛。

6. 地支能夠決定人員藏干的隱顯特點，登臺亮相的先後過程

地支能夠決定人員藏干的隱顯特點，登臺亮相的先後過程，根據這些可以判斷原局及歲運取象的過程特點。比如巳申，如果是婚姻取象，雙方是先好後破，這是因為地支之間的作用關係所致。

下面我們舉個例子理解一下職業的取象。

坤造：壬子、壬子、壬辰、丁未。

這個命局是個腫瘤醫院的護士長，我們可以看看護士工作所具備的所有環境特點。

這是一個成形勢的八字，氣勢不成。命局地之主氣是金，但金氣沒有落實，但對木氣是一種抑制。功能點就是兩個庫，一個水庫，一個木庫。

水庫在壬水日干的坐下，相當於一個醫院，醫院裡面都是水的集散地，在水有制化的

時候，辰是名利庫，最大的。當陰旺為忌的時候，辰是牢獄，醫院。這個辰庫收容了命局中的水，年月代表外面社會遠近的病人，被收容在辰庫中，辰中有戊、乙、癸三個成員，戊為七殺，是制癸的，癸是病毒，乙是帶病體的病人。戊就是平臺，制癸又代表手術臺及提供儀器設備的平臺。辰也是日主工作的場所。自己是護士長，帶來年月比劫同齡人護士群體，與病人在辰病房的周圍進進出出。

未庫是木庫，裡面沒有水，一個取象，木庫是藥房，中藥鋪，一個取像是食傷庫，食傷是護衛，也是醫生診斷病情的地方。丁火為財，也為驅寒制病之藥。醫生在未庫辦公、診斷、開藥。辰庫是水庫，也是病人乙木休養的病房。

日主護士長，就帶來許多護士進出輔助醫生護理病人接來送往，完成護士的職責，一個活脫脫的工作環境就出來了。

我們從行運來說，命主正好走了金運，當金氣落實的時候，從庚戌開始，第三步己酉，第四步戊申，都是金發揮作用的時候，陰木得制。恰好符合命局。

從宮位來說，辰與酉可以作用，一個是開刀動手術之象，一個又是丈夫的宮位，那麼，丈夫怎麼樣呢，在命局中制陰，隨大運而來，又是金運，原命局又發動。辰名利庫稍微得點制，就有名利，丈夫是搞工程的，住別墅，開豪車。

可見，地支在命局中的作用不容小覷。

7. 地支能夠判斷干支的方位及出處，也可以斷生存環境

命局中地支還代表生存的自然環境，許多同行在斷命的時候，知道命主出生時候的家庭住址周圍的環境，令求測者大為驚奇，周圍環境比如，小河、道路、學校、醫院、橋樑、莊

稼地。這些都是根據地支結合方位來判斷的。

　　說也奇怪，朋友跟我說，從小到現在，搬過無數次家，但不管搬到哪裡居住，他住家的周圍，總是離銀行不遠，因為他的命局中帶個金庫，金庫在命局中為用。而我的命局中有木火轉化水陰的組合，教育行業走了這麼多年，走過六七個城市，也是不管把家搬到哪裡，總是與學校為鄰。這也許是命中註定，也許是上天給的安排，有心的朋友可以自己驗證。

　　地支的作用遠不止這些，我只是拋磚引玉，希望同好繼續發揮。

　　今天就說到這裡，下面我們分類來簡單說一下地支的取象特點。

二、十二地支取象

（一）十二地支取象體系非常龐雜，這裡需要說明一下

1. 授之以魚，授之以漁。──角度很重要

　　隨便翻翻易學書籍，對十二地支的取象浩如煙海，隨處可見，龐大而繁雜，想看一遍都要花費很多功夫，這裡就不在詳細贅述，只簡單提及取象角度，點到為止，好引發大家對十二地支取象的思考。

　　命理天地人多個角度，駕馭天地主氣的角度，取格局太極的角度，十干的角度，十神的角度，個體、局部、整體等等，切入角度不同，象就不一，偏執於一個地支的具體象不現實，這裡只提供角度提示，好引起大家的思考。

2. 相由心生，景隨境遷。──要學會變通

　　十二地支取象，都受特定條件制約，陰陽變化，象也隨著變化；宮位不同，人事各異；十神旺衰隨歲運變化，格局屬性各異；凡此種種，取象不可執一，要全方位審視，取天地人

角度。

如果歲運變化，陰陽發生了改變，這些象也隨著變化，但大體取象的依據不會改變。

相隨心生，景隨境遷，說的就是變通。比如命局財官印全的，學命之初認為有富貴，但絕大多數是一般人，後來知道，真正的富貴是命局駕馭天地主氣成格成局的命局才有富貴，陰陽中和則富貴，數量符合二八定律。

由此說明，任何取象都是有條件限制的。舉個例子，丑庫，是腫瘤結石的象，在陰旺為忌且傷陽的命局組合中，往往發生，但也並不是所有的命局見到丑都有這種象，如果沒有變化，學命太容易了，見到直讀就可以了。

3. 實踐理論，學思結合。——實踐出真知

世間萬象，各有取法，依據不同，象也不同；依據相同，個體局部整體範圍不同，象呈五彩；命局相同，歲運不同，都會隨之變化。

但萬變不離其宗，核心是要把握取象規律。

孔子說，「學而不思則罔，思而不學則殆」，在大量看命例的基礎上，善於思考與總結，並不斷去印證補充修正取象，才是唯一正確的道路。

(二) 十二地支取象原則

1 物以類聚，地支以天干取象為基礎

十二地支是在天干的基礎上生髮出來的，十干取象破譯之後，十二地支是十干的家，在十干的基礎上生髮出來許多的象義。十干是單項的象義，而地支是許多象義的綜合體現，關鍵看哪個人員參與其中。

2. 天干主人事，地支主出處

天干與地支，本來是一回事，但二者強調的本質不同，這也影響到取象的大義。天干強調的本質不同，取象在此基礎上有區分。

比如，天干如果是家庭成員的話，地支就

是家庭本身，年柱是祖父母家庭，月柱是原始家庭，日柱是自己的家庭，時柱是孩子的家庭。

比如，天干如果是運動員的話，地支就是整個球隊，輸出是地支為單位與外界聯繫，天干體現出人事象。

比如天干如果是員工的話，地支就是機構單位，人員只顯示個體，而單位地支所顯示的不只是個體的特點，還有成員的數量，成員的秉性，成員的陰陽成分，成員各自的相互關係，與外界發生碰撞時候呈現的功能，這些除了天干人事象外，還要重點參考地支，地支團隊的整體特性是天干不能夠表述的。

3. 地支的刑沖合害破是天干取象的來源

一方面，地支的刑沖合害破可以取出很多象來，幫助我們去闡釋紛繁複雜的各種取象，富貴貧賤，壽夭吉凶，花花草草。

一方面，天干之間的愛恨情仇、聚散離合，可以通過地支的作用途徑來認識發生的過程，包括緣分的厚薄深淺。

換句話說，天干自身與外界發生碰撞，地支會加強或者減弱這種碰撞的效果，字碰字的效果可以說明。例如子卯刑，如果命局傷陽傷陰，乙癸所表現的象，通過子卯刑的傷陰陽程度來參考。例如丙庚的關係，實際就是巳申關係的呈現，在論婚姻的時候，就是先好後破的關係呈現。

根據十干的特點，加上地支藏干人員的特點，我們先來簡單認識一下十二地支，然後再來分類取象。

（三）十二地支的大體取象

這裡所說的地支取象，只是一般最基本的熟悉地支，包括人員構成、性格特點、取象舉例、身體疾患單獨列出。十二地支取象的基本認識，是為了更進一

步學習地支的組合象。我們先來看十二地支。

1. 子

構成：子宮藏干癸水。

特性：癸水雖然是形氣干，但屬陰氣干，能量很大，性情安靜、穩定，不管為用還是為忌，都穩定而持久。

取象：子水被稱為雨露，有制化者，人聰明靈活，外表圓潤，處事圓通。

癸水在陽旺的時候是智慧水，講求謀略智慧。也代表比較陰暗，不招人注意的地方。如果命局陰旺為忌，同樣會表現出身體疾病。

子水的一般取象，如陰濕之地、小溪、荒僻、沼澤、民間、江湖；在命局如果沒有制化時，代表社會底層、黑暗、寒冷、疾病、麻煩、口舌、是非；如果命局再傷陰傷陽的，子就是地獄、死亡、骯髒的場所、黑社會、殯儀館、犯罪團夥窩藏地等，有制化時代表生意市場、資本資源、政治謀略、名利環境。

身體：子水在身體部位，為忌或受到傷害的時候，往往與腎臟、眼睛、心臟、病毒、風濕等等連在一起。子水受傷，也有手腳出現問題的，子水代表的很多，組合不同，傷害輕重不同，病情及取象也就不同。

有心的朋友可以生髮開去，下面的例子都是如此，點到為止，在此不再一一列舉。

2. 丑

構成：丑宮藏干癸水、辛金、己土。

特性：癸水、辛金、己土都是形干，屬後天一組，與名利財富有關聯，如果命局為用，一生多得名利，在銀行、金融、理財、保險、證券、投資等行業的多。

同時，丑裡面最為陰濕，不駐陽光，私密性強。如陰暗場所，夜總會、保密局、私人會所。

還有一些保密性質的地方，丑是四庫之一，俗名金庫。比如倉庫、金融、銀行、收藏物質名利的地方，如珠寶、金庫、礦產資源等。命局喜忌據情況而定，如果命局周圍都是陰冷的干支，而且還傷陰傷

陽，丑則代表醫院、病毒、墳墓、牢獄、廁所、地下室、陰溝等。

身體：因為丑土藏干癸水、辛金、己土，代表脂肪骨骼。如果命局有金克木的，而木則不易生存，於是丑為用的人個子不會很高，胖嘟嘟的身材，長得比較豐滿而圓潤。

丑中的辛與己受傷，往往是腫瘤、結石很常見，或者大腸有問題，陽旺而水受傷的，有時候還有腎病。陰旺控陽，或者陰陽失衡嚴重的，女性宮寒，不能生育等等。

3. 寅

構成：寅宮藏干甲木、丙火、戊土。

性情：甲木、丙火、戊土都是陽氣干，喜歡折騰，環境光明溫馨。以少陽木為主，氣氛溫馨和諧，少陽積極上進。一種熱鬧，溫馨，光明的特點就出來了。

取象：寅被取象為公門，甲丙戊三個成員，先天都是同家，丙火是中心人物，一般是管理者，戊土是公眾

平臺，甲木是丙火的助手，公共辦事機構裡的工作人員，三項加起來，寅就成為了公門。

在命局中，如果寅得用的話，一般與在事業編制的人事有關。代表基層政府部門或公共娛樂場所，如政府辦公大樓，類似的還有學校、單位、會所、健身中心、文化場所、高樓、寺廟、高科技場所、公園等公共場所，這是戊土的所在地；這些地方，不管是公用的場所，還是政府機構，人員是和諧的，環境是宜人的，氣氛是融洽的。為忌或受到破壞，取象則是相反的。

身體：命局寅為用，人長得帥，熱情開朗，如果為忌，水木克土，事業動盪不安，累及婚姻家庭。被水浸泡後的陰木，亥寅在陰濕的環境下，恐有風濕。

如果陽旺為忌，人的思想容易濁，天干甲丙戊透，地主見巳，往往人會迷信特異功能，或者癡迷於宗教。

4. 卯

構成：卯宮藏干乙木。

性情：乙木形干，性情專一，而且容易被水陰忽悠，在所有的人員藏干中，陰旺為忌的卯木是最容易成為水陰的鐵杆粉絲，成為陰的打手，同時也是替罪羊。

取象：陰木見到土，如果沒有金來制服，火來引導。卯一定要千方百計地搞出點動靜來，按照老陰的指向無所顧忌，薄情寡義，所向披靡。

為用的時候，大都需要陽旺，一般取象為實用文化、簡單的技術手藝、簡潔房子、底層單位、知識較淺的書本、簡單的手工匠、或者農藝師。

身體：卯木在命局中可以代表人身體，脆弱敏感，而且代表神經系統、毛細血管、手腳、脖頸等，如果卯木受到金的破壞，神經系統出現病變，或者胳膊腿受

傷。見水傷陽則可能肝癌。

5. 辰

構成：藏干乙木、癸水、戊土。

性情：我們平常說，「二八月，亂穿衣」，說明辰月的冷暖變化不穩定，人的性情也不穩定。命局顯示變化也多。

戊土的平臺裡包裹著乙木與癸水，有形有氣，水木不斷動盪，人來人往，一方面辰土比較複雜，另一方面，辰土可陰可陽，看命局的組合而定，如果木發動透出的命局，就容易走向傷陽。如果命局陽旺與陰差不多，性情特點就特別容易變化，人事關係相當複雜。

取象：陽旺為用者，辰是最大的名利庫，如果能夠被制化，命主容易得名利，是富貴之人。

如果陰旺辰是牢獄，陽濁時候也是牢獄。平常取象，辰代表車管所、物流、市場、汽車站、湖泊、公司、車輛、機器、培訓學校、監獄等等。

身體：辰在命局中的病變也不固定，要結合具體組合而定，比如卯辰組合傷陽，有脾胃，肝癌，甲辰有風濕，丑辰有心臟病等等，大家可以酌情取用。

6. 巳

構成：巳宮藏干丙火、戊土、庚金。

性情：巳不濁的時候，身體健康，人也漂亮。丙火、戊土、庚金都是氣干，喜歡折騰，而且都是陽氣干，積極而忙碌，為忌則安靜而自閉。

取象：巳中三個藏干，丙火是管理領導，戊土是平臺，庚金是機器設備，在此基礎上，為用可以取象大機構，大工廠，文化部門，但不管哪個機構，裡面出現的人事不易持久，但大都積極向上。

一般取象高大的場所、文明之地、政府機構、公檢司法院、文化場所、科研機構，陰旺時取象娛樂場所。

身體：陰旺為用的時候，如果有巳亥沖，心臟受影響，陽旺為忌的時候，骨骼，牙齒，骨髓，腰椎容易

出問題，陽濁的時候，精神容易亢奮，嚴重者失眠，如果木加入傷陽傷陰者，精神容易有疾病。

7. 午

構成：藏干丁火、己土。

性情：人如果午火得用，體現出陽剛、正氣、積極的特點。

午是兩個形氣干，性情穩定，但陽旺的時候隨火，陰旺的時候隨己。同時，要看組合配置，寅午戌的時候，人比較積極，陽濁時亢奮。

取象：午是四正之一，代表城市的中心，首腦機構，因為有己土的存在，午也代表對外的職能。一般代表政府機關、能源機構、武術館、血光之災、暴力、戰爭、能量、光電等；

身體：如果命局有子午、卯午組合的，陽旺則注意心臟、眼睛出問題，如果有丑午組合，金受傷的，注意

大腸。

8. 未

構成：藏干乙木、己土、丁火。

性情：未庫藏干乙木、己土、丁火，都是形氣干，人不張揚，本來是比較文靜的，但不管陰旺還是陽旺，未庫的人都容易折騰，庫裡有丁乙破，乙己克，非要搞出點名堂來。

取象：未庫為用者，是實業家，實干家。為忌者，會不停地折騰，很多細小的麻煩事。

陽土，但已經不是最陽。

命局為用，丁火是陽，乙木被丁火引旺有了甲木之氣，人的動手能力強，整體偏陽。命局為忌，大都是傷陽，如果水木旺時就容易木克土，何況己土泄丁火助陰，麻煩的事情雖然不大，但層出不窮。

未土因為還不是很陽，代表挺享受的地方；陽太旺時會自律，也不會很。

享受，未土的取象比較多，為用代表文化娛樂部

門、吃喝玩樂的地方、餐飲、休閒場所、糧站、食品店、超市、書房等。也代表田園、公園、木材加工廠、花園、土特產等。

因為是木庫，八字有未在月支或者日支能得用的，多數都喜歡看書，家裡藏書也較多。還代表文科大學，文化教育機構等等。

身體：未中有乙木、丁火、己土都是形干，比如受到刑破害而受傷時候，脾臟、肝臟、都會受到影響。當然具體要看組合，子未害，還會累及眼睛及神經。

9. 申金

構成：藏干戊土、庚金、壬水。

性情：申中三個人員都是氣干，其中庚金壬水又代表後天的名利與外界，所以，申得用喜歡往外面跑，性情變化，喜歡變化中求生存。

取象：庚壬主外，跑騰，申為用者，取象在物流、鐵路局、交通行業工作；戊土是內部平臺，陰旺可以陽制陰，戊土平臺是內外結合的地方。見火，與政府有

關係，執法部門。見水與物流、市場有聯繫。一般取象，代表製造生產工具、道路、交通、車輛、大型金屬器械、軍檢司法、槍械兵器等。金見木，也可能是某種大型機械，陰旺的時候，也可能是房屋拆遷。

身體：申金如果受火克厲害，脊柱，腰等發生病變，甚至骨癌。金為忌傷木的，也可能是木上面的疾病，頭腦遲鈍。

10. 酉

構成：酉中藏辛金。

性情：金主外界，酉為用者，喜歡外面打拼，性情穩定，不喜變化，人比較健談，成熟穩健。

取象：酉金見火不受傷的，往往成為科研人員。喜歡打扮，如果克得過的，則容易在辛的方面出現人事的問題。

酉金不是氣干，但很成熟，不那麼熱鬧，有了些私密性，但金代表外界，主要是對外，挺穩定的地方。一般取象城市、代表商業、店鋪、商品、貨幣、

酒水、金融、財務、銀行、車輛、珠寶、金店,商業廣場。

身體:酉金受損嚴重,往往會影響到說話,火克厲害,就會肺部、骨骼、牙齒等病變。金旺為忌,尤其是酉金,有收縮的功能,人比較矮小。

11. 戌

構成:戌宮藏干丁火、戊土、辛金。

性情:戌庫中的兩個人員,都是形干,為用的時候,屬文化機構工作人員,性情穩定,氣氛比較熱鬧。戌月人的性格也是變換比較大,要根據實際情況來定。

取象:戌庫中的三個人員,戊土是公共平臺,辛為精緻之物,受到打造後的一種象。都是陽氣干,人來人往,不過都是熟人,也會有外人,辛金就是外界。一般代表學校、寺廟、食品店、歌舞廳、夜總會。

戌見到火旺又金旺的,很明顯的食品批發或食品加工。也代表軍隊、加油站、彈藥庫、變壓器。

身體:戌在命局中取象比較複雜,火克金傷了金的,

有種非常怪異的嗜好，愛好吃喝嫖。甚至喜歡抽煙吸毒。戌中丁火一般不容易受傷，有戊土保護，除非庫被打開，丁受到水木襲擊的時候有傷。大部分是辛金代表的身體部位容易出問題。

12. 亥
構成：亥藏壬水、甲木。

性情：壬甲都是氣干，人特別容易變化，喜歡四處跑騰，人生也動盪不安。

取象：亥左右命局的人，一般比較帥，不喜歡安靜，喜歡財色，喜歡喝酒。因為壬甲都具有這種特性，同時，人比較貪，欲望很多。

壬甲氣干，喜歡搞出點名堂，往往投機股票、參與賭博，混社會、走江湖，要麼從事人力資源工作，搞傳銷、中小學培訓、水產養殖，水木為用但功能又不大的，當會計財務的多。

身體：亥在命局要好好看，如果巳亥相沖，傷陽則心臟、肝部容易有問題，如果與卯結合，腫瘤，疾患經

常伴隨，因為傷陽，傷病災便經常發生。

最後強調一下，除了取象的三點說明外，如果我們看命局時會有種感覺，好像每一個地支做各種行業的都有，許多疾患在同一個地支也曾出現，並非如舉例中所謂的直接讀象。

這是因為命局是一個獨特的結構，而每個地支只是組成命局結構的一個要素，其功能特點要受到命局環境的變化而變化。

首先是陰陽的限制，陰旺陽旺，取象各不相同。即使命局不傷陽傷陰，病症也時有發生，如果命局傷陰傷陽，並非生下來就有這種病症，要到歲運引發才有。從個體局部整體切入角度不同，象就不同，所謂的包羅萬象。

總之一句話，所有的提示，都是在命局中引動狀態下的一種提示，取象千變萬化，到底哪一種象，需要具體問題具體分析。這才是學習取象的精髓。

三、十二地支分類取象

(一) 十二地支分類取象的指導方針

1. 十二地支分類取象設想

(1) 人員多少，功能大小，命局作用。

（偏正純雜）

古書對地支分法很多，叫法多樣，我們的分法只是其中幾種，目的是想把十二地支的屬性說清楚。

地支藏干各不相同，根據人員多少來分，人員少的分成一組，子午卯酉，人員多的分一組，寅申巳亥。三合局中人員所在位置的正偏不同來分組。也可根據東西南北方位來分組，四正四隅。

角度不同，分法也不一樣，但不管哪種分法，無非是想從某個角度去認識地支的屬性而已。

(2) 季節相同，陰陽相同，功能相同。

（四季四方）

或根據季節來分，春天寅卯辰，夏天巳午未，秋天申酉戌，冬天亥子丑。

這以天地布氣的先後來顯示四季的特點，少陽月、太陽月、少陰月、太陰月，四季的組成分明，地支特點也好歸攏，陰陽也很明顯。

或根據性情來分，分成四靜四動，形干一般都比較安靜，不喜歡折騰，如子午卯酉，而氣干多的就比較喜歡折騰，寅申巳亥。

根據藏干純雜來分，四純子午卯酉，四雜辰戌丑未；各種氣混雜比較厲害的，就是四土月，沒有較清晰的氣，又是季末，處於陰陽轉換時段，有人成為雜氣月。

(3) 同氣相求，功能集中，相互配合。

（三合成局）

例如，申子辰，水局；寅午戌，火局；亥卯未，木局；巳酉丑，金局。每一個局都是能量的彙聚，在命局中獨霸一方，於是成為三合

局。三合局的能量巨大,且團隊穩定,對命局的影響不可小覷。在審視命局組合特點時,三合局的力量有時候是最大的,大都超過三會局,影響到陰陽能量的流向。

2. 十二地支分類取象的原則

原則是不僅重分法,更注重地支本身特點,窮盡與否不太看中。其目的是理清地支功能,為推命提供依據。

(1) 一方面,我們注重梳理地支特點

譬如四正四偏,四動四靜,四專四雜,四季四方,四墓庫,四方匯局,三合局等等,但無論哪一種分法都不能窮盡,分法之間有融合交叉,於是,我們就不注重哪種最合理,而注重把握其特點。

(2) 另一方面,我們只是示例

任何分法即便合理,也只是舉例,非地支詳細解說,舉例看重角度,甚至挂一漏萬。舉

例的目的很簡單，儘量從各個角度來認識十二地支，從各個層面懂其本性，能為推命取象服務即可。

好友有更好的分法可以分享出來，我們共同努力！

(二) 十二地支分類取象示例

1. 桃之夭夭　灼灼其華——四朵桃花

(1)　子午卯酉——組成

眾所周知，子、午、卯、酉被稱為桃花，桃花星代表邂逅異性的標誌，命帶桃花，溫文爾雅，熱情善談，招人喜歡，命帶桃花長相出眾。

從人員藏干來看，大都比較單一，子藏癸，形干，弱老陰，位於正北方，代表冬天，俗稱冬桃；午藏丁己，形干，丁弱太陽，位於正南方，代表夏天，俗稱夏桃；卯藏乙木，形干，位於正東方，代表春

天，俗稱春桃；酉藏干辛，形干，弱少陰，位於西方，代表秋桃。

子、午、卯、酉為陰陽交融之時，暗示著男女陰陽接觸幾率最高的時刻。所以用子、午、卯、酉來代表桃花的寓意。桃之夭夭，灼灼其華，成為異性追慕的對象。

(2) 桃花叫法——含義

命帶桃花，是異性緣的標誌，好壞看喜忌，俗稱桃花煞，歲運稱桃花運。

叫法多多，隨意舉例，褒貶不一。

桃花叫四仲。這是從季節而言，即每季第二個月。

桃花叫四專。這是從藏干而言，桃居正方位正中，氣專而純。如子藏癸水；卯藏乙木，午藏丁火、己土，酉藏辛金。幾乎都藏本氣，在十二宮的狀態，一般處於帝旺之狀，氣比較精專。

桃花叫四正。這是從方位而言，即子代表正北

方；午代表正南方；卯代表正東方；酉代表正西方。四正，也代表中心區域，地支取象為人事物的中心、核心、主腦、領導機構、樞紐等等。

桃花叫也咸池，這是從神煞而言，即四桃花星。「桃花」為五行沐浴之地，又稱「咸池」。古語雲：「萬物暗昧之時日出扶桑，入于咸池，故五行沐浴之地為咸池」。

不管哪種叫法，我們主要看四桃星的性情特點。

那麼，為什麼只確定子、午、卯、酉為桃花呢？從異性緣來找根源，異性緣是指陰陽邂逅碰撞而來，而子午卯酉正好是陰陽交接的時刻。

從時空交接來看，在十二時辰中，子、午、卯、酉正好是陰陽交接之時。子時，是前一天與後一天交接時刻；午時，是上午與下午交接時刻；卯時，是太陽升起前到升起時的時刻；酉時，是太陽未落和落下的時刻。

從陰陽轉化來看，子月有冬至節，冬至是冬天到了，按照陰陽消長的規律來看，冬至一陽生，是陰極

而陽生。午月有夏至節，夏至是夏天到了，夏至一陰生，是陽極而陰生。冬至夏至，陰陽對氣產生之時，一方強大一方弱小，一方占絕對優勢，其陰或陽的特性特別明顯。

春分卯月，陰陽氣基本持平，向陽消陰長開始轉換；秋分酉月，陰陽氣持平，晝夜的長短基本持平，開始向陰長陽消方向轉化，雙方力量基本平衡。

從以上分析可知，陰陽轉化消長與陰陽換場之時，氣息比較清純，能量比較大，五行碰撞之時，是陰陽碰撞之機，其特性比較明顯。

(3) 命局作用——取象

桃花屬神煞，我們從地支人員的先天本性來桃花的主要作用。

子午卯酉的藏干單一，表現出人的性格穩定，性情文靜。同時藏干都是形干，塵埃落定，沒有多大變化，於是就安靜而持久。

藏干是形干，不混雜，表現在做事方面比較清純，持久，單一，行為持之以恆。長期專一而成為專

家，專業人士，行業的精英。

藏干單一，陰陽氣比較穩定，能量恒久，如果是命局所喜，伴隨一生而成就事業，如果是命局所忌，就一生受其連累。

桃花星又稱為將星，因處三合局的中間星而統領局勢，命中不帶將星，大運或流年碰上，也為將星入命。三合局一旦形成，命主坐將星者，自己或配偶具有將帥之才，統籌管理能力好，當然要看命局喜忌了。

(4) 利害關係──辯證

在命局的喜忌，四桃花要從命局大環境喜忌來判斷。單從許多斷語中，有很多貶義。

例如，《四言獨步》雲：「子午卯酉四敗之局，男犯興衰，女犯孤獨」。《淵源》雲：「子午逢卯酉，定是隨人走」。《洪範》雲：「子午卯酉重逢，懷酒色荒淫之志」。《五行元理消息賦》雲：子午卯酉全備，酒色昏迷。子卯相刑門戶，全無禮德。《碧淵賦》雲：子午卯酉，四敗之局。《四言獨步》雲：子午卯

酉帶刑合，多者淫訛。

其實，命局的喜忌並非如此，一個是看問題的角度，一個是中和之理，一個是中庸之道。

一方面，命局喜忌是衡量標準。看到桃花斷語，所有人全都是渣男渣女，不是那回事。

比如，一個青春期學生，正在讀書，走了桃花運，荒廢學業。反而一個博士後，讀書時候錯過了談婚論嫁的年齡，博士畢業急需婚配，那桃花運不是恰逢其時嗎。桃花只是叫法，沒有好壞之分，看命局所需。

另一方面，凡事講求中和之理，中庸之道。

桃花過多不好，「業精於勤而荒于嬉」，桃花多相互衝撞，影響事業與婚姻。反過來看，桃花星所在命局，只要不過分，與命局組合適宜，基本上都是優點。命帶桃花，人長得漂亮帥氣，性格外向，善於與人交際，且異性緣比較好。只要把握分寸，取其優點克服缺點即可。

今天引用詩經《桃夭》「桃之夭夭，灼灼其華」

的本意，是在強調出嫁女子是人生最漂亮的時刻，從內而外散發出耀眼的光澤，那種氣質象桃花一樣燦爛無比，灼人眼球，回頭率高。這是人生最美好的象徵了。

2. 天高雲淡　驛路梨花──駟馬奔騰

(1) 寅申巳亥──馬星含義

馬星，顧名思義，走動的代名詞。古代沒有高鐵飛機，微信通訊，凡是傳遞信息、運送物件，就要用馬，馬是最重要的交通工具，長途奔赴需要停留休息，補充給養，有點象今天高速公路上的服務區，吃飯加油，休整緩衝，古代稱為驛站，於是命局的驛馬星，就是這麼來的。

寅申巳亥被稱為四馬星，被激活了之後，就象千里馬一樣，如果命局所喜，就日行千里，夜行八百，小時候不懂命局，算命人說命中犯驛馬星，就是要到外面的世界闖蕩，心生

羨慕。當然，馬星為用還是為忌，要看組合而定。

(2) 寅申巳亥——馹馬取象

先看馬星的組成，寅宮藏甲丙戊，申宮藏戊庚壬，巳宮藏丙戊庚，亥宮藏壬甲。大家發現沒有，藏干全都是氣干，喜歡跑騰，符合走動的職業，比如交通、物流、運輸、旅遊等等。當然如果是命局所忌，那就動盪不安，歲運激活人就不斷變換環境，沒有安寧可言，馬星成為到處奔波的代言。

奔波勞碌還是動中求財，看具體情況，如果是寅申相沖，命局所喜，正好陰旺金克木，達到陰陽平衡，這樣做生意發財；如果陰旺，金把木給引動了，自然沒有收穫，奔波勞碌；命局如果傷陽了，不但勞而無功，而且還會累出毛病。

具有情況具體分析，寅發動為用的時候，往往是文化公眾事業奔忙，申是道路，交通運

輸，巳是公務員，亥是生意與銷售，當然沒有這麼簡單，要看命局周圍的搭配與組合。

(3) 千里遠行——取象示例

第一、驛馬星代表走動、外出、遠行等，有許多走動職業者大都有驛馬星

驛馬星，最初最本質的特徵，就是代表走動、遠行、出差、征戰。

在古代，驛馬是主要的交通工具，代表要出門。命帶驛馬星，代表一生走動多、會出遠門，或者運逢驛馬，到這步運往往外出、經商、出遠門工作等等。動中求財是特徵，許多物流公司小老闆、快遞哥、司機、外貿人員等都與馬星有緣分。

第二、驛馬星代表旅遊、休閒、遠方謀生、外貿生意、出國工作，留學等等

朋友喜歡旅遊，是命局中有驛馬星，凡是引動的歲運，都要全國各地旅遊一番，山川五嶽，戈壁沙

漠，洋流湖泊等等都喜歡。其中一步運引動，就出國了一段時間。許多學生逢高考的年份，歲或運中碰到了驛馬星，說明要離開家鄉到遠方上大學了。

當然，外出的目的不一而足，有休閒娛樂的，也有遠方謀生的，還有西方金為用而引動牽涉馬星的，有出國定居之人，國外留學人員。

當然，如果命局為忌，這就四處折騰而沒有收穫，要看命局喜忌。

第三、驛馬星還代表生性聰明，處事靈活，具有很強的創造能力

這一條我們可以驗證，驛馬星入命，處理方式靈活，不喜歡中規中矩，可能條條大路通羅馬的意思，懂得變通。

從長生的角度講，亥寅申巳正好是甲丙壬庚的長生之地，甲木天生聰明而博才，命局只要不破壞，也不傷陽的，大都悟性好。丙火為管理星，壬水懂市場駕馭之道，事業做生意的好手，庚為開拓市場人員。

寓意好,還要有實力,長生所在地都是馬星。

長生是從十二宮來取象,所謂長生,是事物初見端倪,新生事物剛剛產生,一是新穎別致,二是充滿活力,未來前景看好,三是如果根基深厚,並且符合命局所喜,人往往秉性慧達,處事靈活,陰陽中和者,還有很強的創造性。

如果命局馬星為忌,傷陽傷陰,則不會有這些特點。換句話說,馬星中的藏干不能干壞事。不能被破壞。

有很多工程師的八字,命局中有庚壬丙甲透出,地支有馬星存在,當然,這只是其中的一個參考要素之一。

第四、驛馬星為用,代表環境的變化,喬遷新居,職務升遷等等

驛馬星不能單獨看,還有看馬星所處的位置及組合,如果命局所喜,歲運引發,達到命局格局或太極運轉,馬星引動,達到陰陽平衡,馬星就是命局所

喜，喬遷新居了，職位提升了，生意發財了，環境變好了等等。

當然還有很多角度，大家可以繼續發揮。

(4) 馬隨境遷——注意變通

馬星的本意把握後，大家可以任意發揮，前提條件是本意把握，取象注意變通。

舉個例子，「金馬入火地，富貴急速顯。」「或金神入火鄉，富貴天下響。」如果命局申月財旺，走南方運，那一定是富貴天下響的，最起碼是個公務員，占了格局，還要上層次得富貴的。但如果命局處於夏天，火旺金死，如果金受傷，別說富貴了，一身的疾患就出來了，傷了金，也不想動，一動就有病，性情自閉，飲食吃素，陽濁傷陰的還有生命之憂患。這說明有很多斷語是有條件的。

如果懂得了喜忌，那麼取象就很輕鬆，命主馬星為用者，就不要合絆，如果命中的馬星為忌，巳亥沖而傷陽，歲運逢之動盪不安，牢獄病傷災，那還是用寅合絆了好。取象並非偏執一方，要通盤考慮。

馬星的主要功能原不止這些，大家可以繼續推，記著放到大環境中，看馹馬星的關係及喜忌。

「天高雲淡，驛路梨花」為何選擇這個標題，朋友的命中有馬星，是一個喜歡旅遊之人，凡是驛馬星被解放的空閒時段，都會去旅遊一番。我也喜歡旅遊，自然就取了一個驛路梨花處處開的寓意。

人間四月天，風和日麗，空氣裡充滿了芬芳，人間四月芳菲盡，山上梨花始盛開，天高雲淡，和志同道合者相伴旅遊，那是一個多麼美麗的季節。

3. 金箱銀櫃——四個墓庫

(1) 辰戌丑未——墓庫辨析

所謂四墓庫，即辰戌丑未。辰為水庫，戌為火庫，未為木庫，丑為金庫。庫墓如何區分，墓庫的本義主收藏，當旺為庫，當衰為墓。墓者，墳墓之意。

墓庫的辨析，仁者見仁，智者見智。有心者自己命局驗證即可，我們考慮兩個最本質的東西，一個是旺衰，一個是在命局中的作用。

一方面，旺指透出藏干人員的旺，還是墓庫的旺，還是藏干及墓庫都融合在一起所指。

　　庫是儲存東西的地方，比如銀行、保險櫃、保護人的地堡、防空洞。而墓的最本質含義，就是落葉歸根，結束了生命旅程，死亡而入土為安。墓中沒有生命可言，一般代表行將乾枯的生命去所，或者受傷帶病的去處。當然，也有兩者混同起來的含義，比如，醫院、法院、看守所等等。我們不用分的這麼細，先大體知道其庫為人事物的儲存，打開即可發揮功能的地方。而墓中的人事物，打開之後沒有功能，還是打開之後，受到人身傷害，受到限制與約束。

　　總之一句話，墓庫都為收藏之意，墓偏重於消極概念，代表法院、醫院、殯儀館、看守所、墳墓等消極含義。庫代表團體、機構、名利場、財庫、軍械所，彈藥庫、銀行等積極含義。

　　那麼墓庫的本義清楚了，旺衰之理自然明顯，不管是指旺，還是衰，也不管是指透干，還是墓庫收藏，命局都是一個有機的整體，旺衰要受到許多因素

的影響，比如四季陰陽之氣，墓庫人員的通根透干，人員多寡，得氣的多少，干支發生相互作用關係等等。命局只有都參與刑沖合害破之後，每個干支的人員才能夠確定其旺衰。

而此時得出的旺衰定性也是暫時的靜態旺衰，而命局隨歲運的旺衰而隨時都在變化，定其階段性的旺衰之後，是墓是庫的本質才能夠顯現。當然，墓庫的取象也會隨著歲運的變化而變化。即便是原局的靜態，個體，局部，整體的角度不同，定出的旺衰也不一樣。最後還有放到大的陰陽環境中去衡量，是命局所喜，還是命局所忌，墓庫之說，才能相對地取出本意之象。

說到這裡，大家感覺到墓庫的辨析只能在相對靜態的環境下才能分辨，這是八字的奧秘所在，所謂的變易是命局的本質特徵。

通過以上分析，墓庫含義合在一起取象比較好，因為本身的含義都在變，比如，一個受傷的人，只有在其中，就象在防空洞裡一樣受到了保護，一出來都

受到傷害，你也不用管是墓還是庫，這墓也起到了好作用。

而如果干支很旺，想干一番事業，而總是受到庫的約束，施展不開手腳，那庫又有什麼作用呢，不還是拘留所、勞教所、法院、監獄嗎。

於是，具體分析要到八字語境中去辨析才有意義，我們只做角度的引導才符合行文的意義。

(2) 存儲收藏——墓庫通義

辰為水庫，戌為火庫，未為木庫，丑為金庫。四庫的能量及取象我們可以從多個角度來看。

第一、從四季布氣來說，四墓庫是四季末，起到收藏作用。其人員比較雜，氣也混亂，於是俗稱雜氣月

四墓庫在十二地支中已經闡釋，這裡不在贅述，只做提示。墓庫主收藏，一般命局為喜用者，命主性格內斂，喜歡收藏。

墓庫在年月日時的宮位不同，得氣的力量也不同，人員藏干的旺衰也不同，命局的陰陽喜忌也不同，於是，不可偏執，其某一藏干具體到墓庫中什麼作用，要具體問題具體分析。

第二、墓庫能量大，其陰陽變化直接影響命運起伏的軌跡

墓庫要結合五行十神的含義去取，比如辰庫，屬水庫，最大的名利庫，如果命局中的水庫得到制化，陰旺用陽，又有金克木發動，那一定是標準的名利庫。

從十神的角度看，如果水是官殺，辰在女命中成為官殺庫，一方面指多，一方面指混雜，影響婚姻。如果是女強人的八字，在命局中可以駕馭很多男性。如果陽旺制陰制得太過分的話，在坐下對丈夫不利，如果陰旺需要制陰的話，又有金克木組合達到平衡的，那不但管理丈夫，而且一定是賢內助了。而有些風塵女子帶辰庫的，往往是水木控局，木透出漂亮，

木克土動盪，辰成為一生坎坷的標誌。

如果水是比劫庫，不是名利庫，水木偏重，很多人往往走江湖，也有一些底層人員，因為辰庫在月柱，陰陽不穩定，一生大起大落，只因為辰的性情影響一生的事業及財運。

第三、墓庫在歲運中的取象很神奇。

王老師曾經讚歎說，陰陽很神奇，形法的取象有時也很神奇。比如這墓庫的歲運有很多的象可以取。

比如的2003年發生的「非典」事件，被稱為嚴重急性呼吸綜合征，世界衛生組織稱SARS的致病原為一種新的冠狀病毒，並命名為SARS病毒。截止2003年8月16日，中國內地累計報告非典型肺炎臨床診斷病例5327例，治癒出院4959例，死亡349例。

癸未年，木庫打開，癸水放出，水氣病毒入侵乙木，防疫土的功能減弱或消失之後，水氣彌漫，病毒肆虐。

很多中醫用中草藥作為常用的免疫常見藥，這也

是未的代表,中藥鋪,中藥房。

今年辛丑年更是奇特,丑為金庫,辛金透出,丑的取象很多,丑為醫院病房,丑中有己癸辛,癸水是病毒,有己土來制,但一般情況下,己土的治陰效果不如戊土,而且還有辛金來通關,己土克水只能克住一半左右。辛主肺,如果命局丁火克傷辛金,或金為忌而無制,就可能是肺部出問題,對全民來說,是新冠病毒的肆虐。

辛主肺部,病毒癸水不能完全治理,全球都這樣。辛也代表針管,於是便有了全民打疫苗的說法。神奇而符合易理。

戊戌年屬火庫,火被戊土蓋住,火庫是收藏火的,丙丁火退休而入庫,丙丁火為名人大師,於是,這一年名人大師去世明顯多於往年,令世人為此驚異。

這裡隨舉幾例,也許六十年一次輪迴,這裡隨意舉出幾個大家熟知的名人。

比如,聯合國前秘書長科菲·安南去世,享年

80歲；國學大師曾仕強在臺灣辭世，享年84歲；著名相聲表演藝術家常寶華因病去世，享年88歲；評書表演藝術家單田芳因心臟衰竭去世，享年84歲；著名相聲表演藝術家師勝傑因病去世，享年66歲；中央電視臺著名節目主持李詠因癌症去世，享年50歲；《時間簡史》作者史蒂芬‧霍金因病去世，享年76歲。

朋友積累了28個名人，告訴我這是二十八顆星宿，上天報到去了，完成了人間燦爛而短暫的一生，為人類科技文化做出了應有的貢獻，堪稱耀眼的一顆流星！為他們點贊！

(3) 墓庫開合——變化萬千

墓庫的本義辨析要看日主的喜忌，還要看干支的旺衰，還要看墓庫對干支的影響，最後都拿喜忌來衡量取象，本段文字主要告訴大家，任何取象的本義都要結合具體的語境來分析才有意義。

比如，未庫藏干己丁乙，我們曾經取象很多，為用時代表文化娛樂部門、書店、文科大學、吃喝玩樂

的地方、餐飲、休閒場所、糧站、食品店、超市、書房等。也代表田園、公園、木材加工廠、花園、土特產等。

未庫人員藏干己丁乙，如果命局陽旺用陰，達到命局平衡，很多取象就是對的。八字有未土在月支或者日支能得用的，多數都喜歡看書，家裡藏書也較多。還代表文科大學，文化教育機構等等。

比如**坤造：癸酉、己未、丁巳、己酉**，這是個北大研究生，從高中階段開始，就喜歡宅，性格安靜，未就是圖書館，後來還到北大圖書館搞研究，這裡的具體語境非常清晰，一生與書籍研究為伍。

木庫在命局中是個取象核心點和歸宿點。我們取個相，木庫是書房，圖書館，丁火與乙木都在庫中，丁是日主，乙是書籍，丁乙是破的關係，日主天天進圖書館破譯研究書中的密碼。研究生的過程基本上都是這麼度過的。當然，木庫也是文化機構，文科大學的取象。巳酉是起因，屬自己的行為，從圖書館選好書後，就宅在宿舍裡自己研究。

從宮位來說，未所在是父母的宮位，父母是小生意人，沒多少文化，在城鎮有房產。這裡從命主的角度為用，木氣發動，一方面得木庫，木主文憑學歷，丁火專注，學習能力強。木氣地主，人文靜，能夠聚精會神學習。對父母來說，癸水有木克土護衛，年柱的酉金可以生點癸水，還是木庫的功勞，父母斷斷續續做點小生意。可見木庫在命局中是個核心取象點。

然而命局中的未庫到處都是，如果命局所忌，木克土成為陰陽失衡的導火索，那一定與圖書館、書店無關。木克土導致陰陽失衡的就成為動盪不安的代表，傷陰傷陽過重的，還是牢獄常客。

4. 陽春白雪　楓丹露白——四季牧歌

還有一種分法，在此提一下，就是以季節來分，春天寅卯辰，夏天巳午未，秋天申酉戌，冬天亥子丑，根據天地布氣的先後來顯示四季的地支特點，少陽月、太陽月、少陰月、太陰月組成分明，四季分明。

這種分法的好處，對於判斷陰陽的特性比較好理解，氣的分佈比較有特點，但在命局中的應用主要有兩個角度。

一種是成勢的命局，一種是不成勢的命局。

成勢在命局有兩種解釋，一種是從旺勢，駕馭了天地的能量，必然有富貴，這種命局不多，有的成為半邊太極，陰太極和陽太極。

需要說明的是，形式上的專旺格，古書上所謂的單一兩種五行而主導成的格局，炎上格火土成勢、潤下格水為體、從革格金為體、稼穡格土為體、曲直格木為體，這種格局並非都有富貴，接觸下來很多都是普通人。所以，富貴者，一定是格局或太極的內結構駕馭了天地之氣的人。

成勢的第二種方式是兩行成象，這種氣勢偏向于其中一方，如果能駕馭了天地能量，同樣有富貴。但絕大多數就是個普通人，甚至還災害頻仍。

我們說的木火通明，金白水清，水火既濟，大部分達到陰陽平衡者，一定有富貴的。

這裡分層的主要目的，就是要熟悉一個誤區，並非所有成勢的八字都有富貴，水木成勢者，不成格成局，而只是某一兩種五行沒有規律的堆積，只是在其性能特徵上顯示明顯特性外，沒有富貴可言。

　　比如水木成勢，如果成勢者必有富貴，成勢反而是好事，但大部分是形從而氣不和，平常命而已。

　　坤造：癸亥、甲子、戊寅、壬子，這個是一個二線城市銀行行長，水木成勢，丈夫副廳級干部，富貴都有了。

　　坤造：甲寅、乙亥、乙亥、丁亥，誤入傳銷之途，二婚動盪，弟弟妹妹半路夭折的命局。

　　乾造：壬辰、壬子、辛亥、壬辰，這個命局金水濤濤，還有水庫而不能發揮作用，卻是五保戶，老年靠政府救濟，很低微的生活。辰庫是最大的名利庫，在此命也不能發揮富貴的作用。

5. 肱股之力　桃園結義——三合局勢

　　地支中有一種彙聚的力量，除了專旺與從勢外，

還有一種力量不可忽視,那就是三合局,命中三合局在命局所顯,具體的喜忌看具體的語境。

三合局大家都很熟悉,木局,亥卯未;火局,寅午戌;金局,巳酉丑;水局,申子辰。命局成局,或者命局與大運成局,往往命局會有一種強大的氣勢,如果左右命局陰陽的,對命局的影響大,要好好看。

三合局的特點,比一方匯局要牢固得多,比如寅午戌火局,命局中一定是陽旺,陽為體。而巳午未組成的命局,就不一定是陽旺,這與內在結構有關。

三合局就象坦克,攻防一體,有動力來源,有主導中神,有鎧甲護衛。進可攻,退可守,寅午戌火局吧,寅提供火的燃料,午為中神統領團隊,戌為火庫儲存能量。於是,想把三合局破壞掉,不是不能,而是很不容易。一般的歲運基本上只會激怒三合局的旺勢。

知道了三合局之後,命局中多出一種旺的氣勢來,如果是命局所喜,那自然是求之不得,如果是命局所忌,自然是伏吟漣漣。

在太極取用的時候，就用到三合局，比如立體取用，陽月立陽用陰，陰月立陰用陽。寅月是陰月，如果有寅午戌火局，那就立陽用陰；申月是陽月，如果有申子辰水局，就立陰用陽。

三合局成為命局一種主導之氣，當認真梳理才是。

到今天為止，我們把干支的基本意義梳理了一番，提供給大家熟悉干支的在命局作用的思路，角度只是一種思緒，其目的只有一個，認識干支，為我們的斷命服務。

干支是命局的核心，花費多少力氣都不過分，希望大家珍惜緣分，行文過程中，畢竟有這樣那樣的不足，還望同好批評指正。讓我們共同努力，為命理學習而盡一點微薄之力。

認識干支就講到這裡，更多內容請關注：王慶探索者博客，王慶探索門形氣命理學公眾號，少陽成陽公眾號，也可聯繫胡小紅老師手機微信13991280437

筆 記 欄

筆 記 欄

筆 記 欄

筆 記 欄

國家圖書館出版品預行編目資料

探索門命學干支解密／王慶著.-- 初版.-- 臺北市：進
源網路事業有限公司, 2024.10
　面；　公分.--（八字叢書；6054）
ISBN 978-986-88870-9（平裝）

1.CST：命書　2.CST：干支

293.1　　　　　　　　　　　　　　　113011858

◎八字叢書 6054
探索門命學干支解密

作　　者／王慶著
出　版　者／進源網路事業有限公司
發　行　人／林芳仔
法律顧問／江皇樺律師
社　　址／台北市華西街61-1號
電　　話／(02)2304-2670・2304-0856・2336-5280
傳　　真／(02)2302-9249
http://www.chinyuan.com.tw
WeChat ID：chinyuanbooks
Line ID：@fhq0021u
E-mail：juh3344@ms46.hinet.net
郵政劃撥／台北50075331進源書局帳戶
電腦排版／旭豐數位排版有限公司
印　　刷／肯定設計印刷有限公司
出版日期／二○二四年十月
定　　價／平裝新台幣450元

著作權所有・翻印必究
◎本書如有缺頁破損或裝訂錯誤，請寄回本書局調換